英文販売代理店契約

■ その理論と実際 ■

大貫雅晴 [著]

第2版

契約書（英和対照）雛形付き

同文舘出版

第2版刊行にあたって

　本書が刊行されてから4年が経過するが，その間に，ウィーン売買条約（以後，CISG）の加盟国が増え，また，貿易条件に用いられるインコタームズも改定された。国際裁判管轄に関しては，民事訴訟の一部改正により，国際裁判管轄の規定が追加された。

　このような事情のもと，第2版刊行にあたって，本書を全面的に見直し，CISGの加盟国，インコタームズの修正他，英文国際契約の基礎知識，一般条項の不可抗力条項，国際裁裁判管轄等を含め，本書を大幅に加筆，修正をし，最新のものとした。

　2015年1月

　　　　　　　　　　　　　　　　　　　　　　　　　　大貫　雅晴

はじめに

　近年の経済のグローバル化のなかで，わが国企業が日本地域，日本市場のみに閉じこもることは難しい。わが国企業の持つ技術力，開発力が新たな製品を生み出し，グローバルな市場を目指して，海外販売展開が種々の形態で振興している。

　企業が海外市場に販売拠点を設けて事業を展開する形態は様々であるが，現地の販売店，代理店を起用する方法は，投資費用もほとんど必要なく，また，現地に従業員を派遣する必要もなく，海外市場において販売拠点をもつ効果的な方法である。現実に数多くの企業が海外の販売店，代理店を活用して海外市場展開を行っている。

　販売店，代理店を起用する場合，販売店，代理店と契約書を交わし，相互の合意した基本的な条件に基づいて継続的に取引が行われ，長期にわたりその関係が継続されることになるが，海外販売・代理店契約書を作成するうえで様々な知識が要求される。それは，契約書のドラフティング技術のみならず，例えば，独占禁止法，競争法，また代理店保護法の知識，国境を越えて国際売買が行われるので，貿易取引に関連する知識，また，国際売買契約を規律するウィーン売買条約（以後，CISG）の知識，また，国際商事紛争の解決方法，特に国際商事仲裁の知識が必要とされる。

　本書は，海外販売店，代理店契約書を作成するために必要とされる基本的な知識，情報を網羅した教科書であり，契約書を作成するうえで実践に役立つ実務書である。本書は，海外・販売代理店契約書の作成を中心に取り上げて，それに関連して必要とされる基礎知識から，ドラフティング技術，さらに，国際商取引紛争解決手段，特に，国際商事仲裁の基礎知識から仲裁条項の起案までを，実務の流れに沿って，事例なども交えてできるだけやさしく，体系的に解

説することをこころがけた。

　本書は，第Ⅰ編「海外販売・代理店契約の基礎知識」，第Ⅱ編「海外販売・代理店契約に関連して影響する法」，第Ⅲ編「海外販売・代理店契約書作成の実務」，第Ⅳ編「国際商事仲裁」の構成となっている。

　第Ⅰ編では，わが国の貿易の動向を紹介し，海外販売拠点を設けるための企業の海外進出形態を紹介したうえで，販売・代理店契約の基礎的知識をとりあげて，例えば，販売店と代理店の相違，独占権と非独占権の相違，販売店の指名と契約書の意義について解説している。

　第Ⅱ編では，販売・代理店契約に関連して影響する法を取り上げて，例えば，日本，アメリカ，EUの各独禁法，競争法の基本的な考え方と契約書諸条項の影響について，また，契約の終了，解約に関連して問題とされる代理店保護法，特に，EU，アラブ中東諸国，中米諸国の代理店保護法の基本的考え方と，解約，終了の問題点について，さらに，基本契約に基づく個別売買契約に適用され得るウィーン売買条約の概要と適用基準について解説している。

　第Ⅲ編では，契約書のドラフティング技術を中心に，英文国際契約書の基礎知識から，販売・代理店契約書作成まで，販売店契約書と代理店契約書の作成については，各条項規定のドラフティング技術について，英文条項例を示して，その意義，問題点，留意点を事例等を交えて解説している。

　第Ⅳ編では，国際商事仲裁について，仲裁の意義とメリットを紹介し，仲裁合意から仲裁判断と執行までの基礎知識を解説して，仲裁条項のドラフティング上の問題点，留意点について，事例，英文例を交えて解説している。

　巻末には，海外販売店契約書のひな型（英文，日本語和訳）と販売店契約に基づく個別売買契約で使用される印刷約款（Sales Confirmation）の英文ひな型を添付した。

　本書は，国内外での実業界の研修，セミナーにおいて，筆者が行った海外販売・代理店契約をテーマにした講義資料，関西大学の講義（国際取引契約論）

資料，また，JCAジャーナル（日本商事仲裁協会）の連載記事（6回連載：2009年6月号〜11月号）を基にまとめたものである。本書が学生，実務家，また，研究者にも役立つことを念願している。

　最後に本書を出版するにあたり，同文舘出版株式会社・取締役編集局長の市川良之氏には，本書の出版をお引き受けいただき，また本書の企画，校正まで大変お世話になった。心から謝意を表したい。

　　2010年4月

　　　　　　　　　　　　　　　　　　　　　　　　　　　　大貫　雅晴

目　次

第Ⅰ編　海外販売・代理店契約の基礎知識

第1章　海外販売拠点の開拓とその形態 ──────── 3

1. 駐在員事務所 …………………………………………………4
2. 支　　店 ………………………………………………………4
3. 子　会　社 ……………………………………………………5
   - （1）ジョイント・ベンチャー ……………………………5
   - （2）単独進出形態100％資本による法人進出 …………6
   - （3）企業の合併，買収 …………………………………6
4. もう1つの選択肢—販売店，代理店— ……………………7

第2章　販売店と代理店 ─────────────── 9

1. 販売店と代理店の意義と性格 ………………………………9
   - （1）販売店の意義と性格 ………………………………10
   - （2）代理店の意義と性格 ………………………………12
2. 販売・代理店契約に類似する契約形態 ……………………15
   - （1）委託販売契約 ………………………………………15
   - （2）フランチャイズ契約 ………………………………15
   - （3）OEM調達契約 ………………………………………16

第3章 独占権と非独占権 ——————————————— **17**

1 独占権の付与の意義とその効果 …………………………………17
　（1）独占権の意義 ……………………………………………17
　（2）独占権の付与の効果 ……………………………………18
2 非独占権の付与の効果 …………………………………………19
3 契約書に独占権，非独占権付与の規定が無い場合 ……………19

第4章 販売・代理店の指名と契約書の意義 ——————— **21**

1 販売・代理店の指名 ……………………………………………21
2 契約書が存在しない販売・代理店関係 …………………………22
　（1）事実上の販売・代理店関係の創設 ……………………22
　（2）不特定当事者宛に交付される授権文書 ………………22
3 販売・代理店契約書作成の意義 ………………………………23

第Ⅱ編　海外販売・代理店契約に関連して影響する法

第5章 販売・代理店契約と独占禁止法 ——————————— **27**

1 日本の独占禁止法 ………………………………………………27
　（1）国際契約と独占禁止法 …………………………………28
　（2）独占的販売店契約と独占禁止法ガイドライン ………29
2 アメリカの反トラスト法 ………………………………………31
　（1）国際契約と反トラスト法 ………………………………31
　（2）販売店契約と反トラスト法 ……………………………31
3 EU競争法 …………………………………………………………32
　（1）国際契約とEU競争法 ……………………………………32
　（2）販売店契約とEU競争法 …………………………………33

4　独占禁止法違反条項を含む国際契約の有効性 ……………………34

第6章　販売・代理店契約と代理店保護法 ──────────── 37
　　1　EUの代理店保護法 ……………………………………………………38
　　2　アラブ中東諸国の代理店保護法 ……………………………………40
　　3　中米諸国の代理店保護法 ……………………………………………41

第7章　ウィーン売買条約（CISG） ──────────────── 43
　　1　CISG発効後の貿易取引 ………………………………………………44
　　2　販売店契約とCISG ……………………………………………………44
　　3　CISGの構成と概要 ……………………………………………………45
　　4　CISGの適用範囲と規律のない場合の補充 ………………………46
　　5　CISGの適用基準 ………………………………………………………46
　　（1）　条約の適用 …………………………………………………………46
　　（2）　時間的適用範囲 ……………………………………………………47
　　（3）　CISGの任意規定性と合意による適用排除 ……………………48
　　（4）　準拠法規定とCISGの適用 ………………………………………49

第Ⅲ編　海外販売・代理店契約書作成の実務

第8章　英文国際契約書の基礎知識 ──────────────── 55
　　1　国際契約書の特徴と意義 ……………………………………………55
　　（1）　誠実交渉条項と完全合意条項 ……………………………………56
　　（2）　契約書の言語 ………………………………………………………56
　　（3）　契約交渉段階での文書，合意書 …………………………………57
　　（4）　国際的商慣習 ………………………………………………………57

（5）　準拠法条項……………………………………………………58
　　　（6）　紛争解決条項…………………………………………………58
　2　英米契約法と契約英語………………………………………………59
　　　（1）　英米契約法の契約と約因……………………………………59
　　　（2）　詐欺防止法……………………………………………………60
　　　（3）　英米法の口頭証拠排除の原則と完全合意条項……………60
　　　（4）　契約英語の基礎………………………………………………61
　3　英文販売・代理店契約書の構成……………………………………64
　4　契約書の表紙…………………………………………………………66

第9章　英文販売店契約書の作成 ──────────── 67

　1　標　　題………………………………………………………………67
　2　導　入　部……………………………………………………………68
　　　（1）　契約締結地……………………………………………………69
　　　（2）　契　約　日……………………………………………………69
　　　（3）　当事者の記述…………………………………………………69
　　　（4）　説　明　条　項………………………………………………70
　　　（5）　導入部から契約書本文に入る繋ぎ文言……………………70
　3　定　　義………………………………………………………………71
　4　販売店の指名…………………………………………………………71
　　　（1）　契約製品，販売領域の範囲の特定…………………………73
　　　（2）　独占的販売権許諾による売主の義務………………………75
　5　当事者関係の確認……………………………………………………79
　6　販売店の競業避止義務，領域外販売制限…………………………80
　　　（1）　競業避止義務…………………………………………………80
　　　（2）　領域外販売制限………………………………………………81
　　　（3）　領域外からの引き合いの売主への転送義務………………82
　7　販売店契約に基づく個別売買契約…………………………………82
　　　（1）　CISGの下での売買契約の成立………………………………83

	（2）	販売店契約に基づく個別売買契約の成立方式 …………………… 84
	（3）	個別売買契約の基本契約の規定，個別売買契約の特約と 印刷書式の条件の解釈優先順位 ………………………………… 86
	（4）	販売店の注文に対する売主の承諾義務 ……………………… 87
8	価 格 条 件 …………………………………………………………… 89	
9	引渡し条件 …………………………………………………………… 91	
10	支払い条件 …………………………………………………………… 92	
11	物品の危険と所有権の移転 ………………………………………… 94	
	（1）	危険の移転 ……………………………………………………… 94
	（2）	所有権の移転 …………………………………………………… 95
12	販売店の販売促進および販売に関連する規定 …………………… 96	
	（1）	販売店の販売促進，広告宣伝 ………………………………… 96
	（2）	販売店の広告，宣伝に対する売主の監督，監視 …………… 98
13	販売店の売主に対する誠実，努力義務，法令遵守義務 ………… 99	
	（1）	販売店の誠実，努力義務………………………………………… 99
	（2）	販売店の法令遵守義務 …………………………………………100
14	販売店の活動報告，適正在庫の保有とアフターサービス ………100	
	（1）	適正在庫の保有，在庫報告 ……………………………………101
	（2）	顧客へのアフターサービス ……………………………………102
	（3）	販売活動報告 ……………………………………………………104
15	販売店の契約製品の最低購入保証 …………………………………105	
16	契約製品の保証 ………………………………………………………107	
	（1）	保証内容の特定 …………………………………………………109
	（2）	保証期間の特定 …………………………………………………110
	（3）	瑕疵製品のクレーム通知 ………………………………………111
	（4）	救 済 方 法 ………………………………………………………112
	（5）	製品の保証制限規定 ……………………………………………113
17	製造物責任 ……………………………………………………………114	
18	商標尊重条項 …………………………………………………………117	
19	知的財産権侵害条項 …………………………………………………119	

20　秘密保持……………………………………………………120
21　契約期間……………………………………………………121
22　中途解約……………………………………………………123
23　終了関係条項………………………………………………125
　　（1）　終了時の在庫品処理………………………………125
　　（2）　終了時の補償免責条項……………………………126
　　（3）　終了後の継続的取引による事実上の延長………127
24　一般条項……………………………………………………128
　　（1）　不可抗力条項………………………………………128
　　（2）　通知条項……………………………………………132
　　（3）　譲渡条項……………………………………………133
　　（4）　権利不放棄条項……………………………………134
　　（5）　分離条項……………………………………………134
　　（6）　標題条項……………………………………………135
　　（7）　言語条項……………………………………………136
　　（8）　完全合意条項………………………………………137
25　準拠法条項…………………………………………………139
26　紛争解決条項………………………………………………140
　　（1）　訴訟を選択する場合―裁判管轄条項……………141
　　（2）　仲裁を選択する場合―仲裁条項…………………146
27　末尾文言……………………………………………………147
28　署　　名……………………………………………………148
29　署名の証明…………………………………………………149
　　（1）　会社の内部の者による署名の証明………………149
　　（2）　外部による署名の証明……………………………150

第10章　英文代理店契約書の作成 ― 151

1　標　　題……………………………………………………151
2　導入部………………………………………………………152

3	定　　義	153
4	代理店の指名	154
5	本人の独占領域の保護義務	155
6	代理店の競業避止義務	156
7	代理店の領域外販売活動の制約	157
8	代理店の指示遵守義務と権限踰越行為の制限	158
9	注文の受諾，売買契約	159
10	販売促進，履行保証義務	161
11	代理店の情報提供，活動報告義務	162
12	代理店の誠実義務	163
13	代理店の守秘義務	164
14	代理店の費用負担	164
15	代理店への販売促進に関する情報，材料の提供	165
16	代理店への手数料の支払い	166
17	契約期間と延長，更新	168
18	中途解約	169
19	終了に伴う代理店の手数料の処理と補償	171
	（1）　終了時における手数料の処理	171
	（2）　契約終了に伴う代理店への補償	172
20	他	173

第Ⅳ編　国際商事仲裁
―仲裁合意と仲裁条項の起案―

第11章　国際商事仲裁　　　　　　　　　　　　　177

1　仲裁の意義，特質と国際性 …………………………………… 177
　（1）　使用言語，審理場所，仲裁人の国籍の国際性 …………… 178
　（2）　手続開始の安定性，容易性 ……………………………… 178
　（3）　中　立　性 …………………………………………………… 178

（4）国際的強制力の安定性……………………………………………179
　2　仲 裁 合 意………………………………………………………………179
　　　（1）仲裁合意の意義とその効果………………………………………179
　　　（2）仲裁合意の方式……………………………………………………180
　　　（3）仲裁合意の範囲と仲裁適格性……………………………………180
　　　（4）仲裁合意の分離，独立性…………………………………………181
　3　仲裁判断の効力と取り消し………………………………………………182
　4　仲裁判断の承認と執行……………………………………………………183
　5　ニューヨーク条約に基づく外国仲裁判断の承認と執行………………184

第12章　仲裁条項の起案 ― 187

　1　仲裁の種類の選択…………………………………………………………187
　2　アドホック仲裁条項………………………………………………………188
　3　機関仲裁条項………………………………………………………………189
　4　仲裁機関の推奨仲裁条項…………………………………………………190
　5　効果的仲裁条項の検討―機関仲裁条項―………………………………196
　　　（1）仲裁条項に必要とされる要素……………………………………196
　　　（2）追加条件として検討すべき要素…………………………………198

英和対照　EXCLUSIVE DISTRIBUTORSHIP AGREEMENT（独占的販売店契約） ― 205

添付書類　Sales Confirmation（売約書） ― 222

参考文献一覧 ― 225

和文索引 ― 227

欧文索引 ― 231

第Ⅰ編

海外販売・代理店契約の基礎知識

　本編では，企業が海外市場に販売拠点を築くための形態を紹介し，海外において販売店，代理店を指名して取引を行ううえで必要とされる基本となる知識，販売店と代理店の相違，独占権と非独占権の相違等，販売店，代理店を起用するうえでの注意点を指摘して契約書の意義，重要性を解説する。

第1章

海外販売拠点の開拓とその形態

　経済のグローバル化に伴い，数多くの企業がグローバルな拠点，市場で，競争と提携を展開しており，企業は，競争に生き残るためには，国際化，グローバル化の道を避けて通れなくなってきている。

　企業が国境を越えて自社商品を海外市場で継続的に販売することを目的として，海外市場の開拓，自社商品の販売促進の展開を考える場合，一般には，海外に販売拠点をもつことが必要となる。海外に進出する形態，また国境を越えた事業を展開する形態は様々である。企業の海外進出，国際事業展開は，その追及する目的，必要性，リスク，および管理能力などを考慮して，最も適した海外進出，事業形態を選択することが成功の第一歩である。

　企業が海外市場に販売拠点をもつために，海外進出，事業形態を考える場合，その方法には次のような形態が考えられる。

　① 駐在員事務所を設けて市場の調査，開発を行う。
　② 支店を設置して，自社商品の市場開拓，販売促進にあたる。
　③ 現地子会社を設立して，自社商品の市場開拓，販売を独立採算制の方式で任せる。現地子会社を設ける方法には，ⅰ）単独で100％出資の会社を現

地に設立する方法，ⅱ）現地パートナーとの共同で出資して，合弁会社を設立して共同事業をする方法，ⅲ）海外現地の企業を合併，買収（M&A）して，買収企業の販売網を利用して自社商品の市場開発，販売促進を行う方法，が考えられる。

④　もう1つの選択肢として，海外現地の企業と提携して，現地企業を販売店または代理店に起用して，自社商品の市場開拓，販売促進を任せる方法がある。

1　駐在員事務所

　海外現地の市場調査や情報の収集，商品の宣伝，ビジネス，プロジェクトなどの補助を目的とする場合には駐在員事務所を開設することで海外進出を果たすことが考えられる。駐在員事務所の開設は簡易であり，現地で従業員を雇用するか，自社の従業員を駐在員として現地に派遣して自社を代表させることができる。但し，駐在員事務所は限られた範囲内での非商業的活動しか行えない。直接に輸出，輸入の業務や現地でのビジネスを行うことはできない。駐在員事務所は税法上の恒久的施設とはならず，法人税の対象とはならない。

2　支　　店

　商業的活動を目的に進出することを考える場合，海外現地に支店を開設する方法が考えられる。支店は駐在員事務所と違って，恒久的施設として企業が行う商工業分野のビジネス活動を行うことができる。支店は税法上の恒久的施設であり，法人税の課税対象となる。通常は，銀行，保険会社などの金融機関に

おいて支店形態での事業が行われていることが多い。他の商工業分野では支店形態の事業はあまり行われておらず，また，支店の開設において種々の規制のある国が少なくない。支店における事業は，支店の法的代表者の下で，本店に所属する支店として機能する。支店は法律上の独立性はなく，本店が支店のあらゆる行為に責任を負わなければならない。現地での事業における責任関係を明確に分離することを考える場合には，現地に子会社を開設する方法がとられる。

3　子　会　社

　恒久的施設を置いて商業的活動を行う場合に，海外現地に子会社を創設することが多い。子会社として現地法人を設立することで，親会社と子会社の資産が分離されるため，子会社の負債に対して無限に責任を負わなくて済み，また子会社の現地事業についても子会社の責任で営まれることになるので，親会社の責任が大幅に緩和されることになる。子会社を創設する方法としては単独で100％出資の会社を新たに設立する単独進出形態，現地パートナーと組んで共同で出資して新たな会社を設立して，共同で事業の運営，管理を行う合弁（ジョイント・ベンチャー）形態，また現地企業を買収することで子会社化する企業買収（M&A）形態がある。

（1）　ジョイント・ベンチャー

　ジョイント・ベンチャーによる進出では，海外現地の外国企業，または第三国の企業，個人と共同で出資して合弁会社を設立し事業の運営，管理を共同で行うことができる。ジョイント・ベンチャーによる共同事業により，投下資本を少なくし，投資リスクを分散するメリットがある。また，製造合弁では，製

品の現地製造,販売,現地市場マーケティング,原材料の買い付け,合弁会社の運営,従業員の労務管理等に相手パートナーの協力を得ることができる。また,受入国の外資導入,投資規制等により100％出資の外資が規制されている場合などにはジョイント・ベンチャー形態を強いられることになる。デメリットとしては,合弁会社の運営,経営につき単独で行うことができない,経営方針の決定,変更,また合弁会社からの撤退において,パートナーの意見調整,協力が必要であるが,当事者間の利害が対立することが多く,機敏な活動ができなくなり,時期を逸することなどもある。特に撤退においては当事者の利害が対立することで,紛争にまで発展してしまうケースも少なくない。また,製造合弁の場合に提供する技術ノウハウが相手パートナーに漏えいする恐れがある。

（2） 単独進出形態100％資本による法人進出

単独進出形態の場合には,進出先において100％資本による法人を設立することになり,その経営は出資者が単独で行うことになり,前述のジョイント・ベンチャー形態による進出のデメリットは解消されることになる。しかし,当事者の単独事業となり,その事業により発生する全ての責任,また,投資リスクは全てその当事者に帰することになる。ジョイント・ベンチャー形態の進出によるリスクの分散,現地パートナーとの共同事業によるパートナーの協力を得るメリットを享受することができない。

（3） 企業の合併，買収

企業が海外進出や新規事業に進出する時の伝統的な方法は,前述の駐在員事務所,支店,現地法人子会社の設立と段階的に行われてきた。短期間に海外進出や新規事業への進出を果たすためには,すでに事業体として存在,確立している海外の企業を合併,買収（Merger & Acquisition：M&A）することで,よ

りスピーディーに，かつ効率的に進出を果たすことができる。特に，海外における販売拠点を確保するためには相当な時間と労力がかかるので，M&Aにより合併，買収企業を子会社として，その子会社を販売拠点として販売網を構築していくことは効率的であるといわれる。反面に，M&Aは相当な投資リスクが伴うことになる。M&Aの形態には，大きく分けて，資産買収と株式買収の2つの方式がある。

4　もう1つの選択肢
―販売店，代理店―

　海外現地支店，子会社の運営，管理には，自社のスタッフを派遣する必要も出てくることがあり，また，相当の投資費用を要することになる。海外進出のもう1つの選択肢として，現地の販売・代理店を起用する方法がある。この形態では投資費用もほとんど必要なく，また，現地に従業員を派遣する必要もなく，海外市場において販売拠点をもつ効果的な方法である。それには，海外現地の特定の企業を販売店（distributor）に指定して，その販売店に商品の販売を任せる方法と，海外現地の特定の企業を代理店（agent）に指定して，商品販売の仲介，媒介を行ってもらう方法がある。販売店，代理店を起用する場合は，通常は，販売店契約，代理店契約を交わし，相互の合意した基本的な条件に基づいて継続的に取引が行われ，長期にわたりその関係が継続されることになる。販売店，代理店が商品の市場開拓，販売促進を行うことで，自社ブランド商品市場のグローバル化を図ることができる。

　以上に挙げた諸形態のなかで，いずれの形態を選択するかは販売戦略上の重要な問題であり，事業目的，現地市場，投資コストおよび投資リスク，現地拠点の管理能力等の条件を考慮したうえで慎重に決定しなければならない。

第 2 章

販売店と代理店

1　販売店と代理店の意義と性格

　一般に，販売店（distributor）と代理店（agent）を総称して，代理店，または販売・代理店といわれることが多い。正確には販売店と代理店に区別される。販売店と代理店は，その概念，法的性質および経済的機能は異なる。

　販売店と代理店の相違を簡単にいうと，販売店は，一定の商品を，相互に合意した基本的条件に基づく継続的基本契約に基づき，自己の名前と勘定で商品を売主から購入し，販売店の名前と勘定で顧客に販売するものをいう。売主と買主との関係は本人対本人の関係である。これに対して，代理店は，多様な種類の代理店があるが，基本的概念としては，売主（本人）に代わって売主（本人）の商品を顧客に販売するための仲介，媒介，代理を行う者をいう。売主と代理店の関係は，本人対代理人の関係である。

（1） 販売店の意義と性格

販売店契約では，販売店は，一定の商品を一定の販売地域で販売をする販売権（通常は独占的販売権）を売主から許諾を受けて，自己の名前と勘定で売主から商品を購入し，販売地域において，販売店の名前と勘定で，その商品を顧客に販売する。基本契約である販売店契約に基づき，売り主と販売店の間で個別売買取引が行われる。売主，販売店，顧客との関係を図式で表わすと以下のようになる。

図表2－1　売主と販売店と顧客の関係

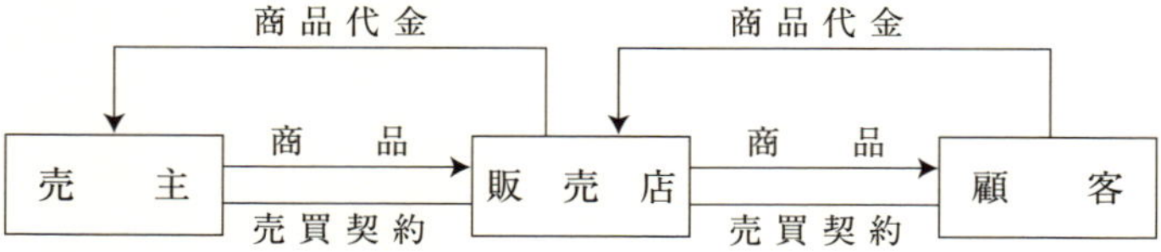

```
          商品代金              商品代金
       ┌──────┐            ┌──────┐
       ↓      │            ↓      │
  ┌─────┐ 商 品 ┌─────┐ 商 品 ┌─────┐
  │ 売 主 │─────→│ 販売店 │─────→│ 顧 客 │
  └─────┘ 売買契約 └─────┘ 売買契約 └─────┘
```

1） 販売店の性格―代理店の比較から

販売店の性格について，経済的機能を中心に代理店と比較すると，販売店と代理店では以下のように区別ができる。

① 売買契約関係

販売店契約では，売主と販売店は，個別売買契約の売主（本人）対買主（本人）の関係となる。販売店は売主から購入した商品を顧客に転売する。したがって，販売店と顧客との間に別途売買契約が締結される。これに対して，代理店契約では，代理店は，売主と顧客との間の商品売買取引の取次，売主のために売買取引の補助を行うが，売主と代理店との間には商品売買契約の締結はされず，売主と顧客との間に，直接に売買契約が締結される。

② **商品の販売リスク**

販売店契約では，販売店は自己のリスクで商品を売主から購入して，顧客に転売するので，商品販売リスク，商品代金の回収リスクを負うことになる。これに対して，代理店契約では，代理店は，売主が顧客に商品売買契約当事者として販売するので，代理店は販売リスクおよび商品代金回収リスクは，特別な場合を除き原則負わない。

③ **商品の流れと在庫**

販売店契約では，商品は売主から販売店へ，そして販売店から顧客に流れる。販売店は自己の勘定とリスクで在庫商品を抱えることになる。これに対して，代理店契約では，商品は売主から顧客へ直接に流れる。代理店は基本的に在庫商品を抱えない。

④ **販売店，代理店の報酬**

販売店契約では，販売店は，売主から購入した商品を顧客へ転売することによる，転売差益が報酬となる。

これに対して，代理店契約では，代理店は，売主のために行う売買取引の取次，代理，補助サービスの提供に対して，売主から送金される手数料（commission）が報酬となる。

⑤ **顧客からの商品クレーム**

販売店契約では，販売店は，顧客からの商品クレームについて対顧客との売買契約当事者としての責任を負うことになる。

これに対して，代理店契約では，代理店は，顧客からの商品クレームの責任は，売主（本人）に転嫁することになり，代理店は契約上の責任を負わない。

(2) 代理店の意義と性格

1) 代理店の性格と類型

　代理店は，前述のとおり，その性格，機能において販売店とは異なる。代理店の基本的概念は，売主（本人）の商品の販売について，売主と顧客との間に立ち，売主のために，商品販売の媒介または代理を行うことになるので，商品売買契約は売主と顧客の間に直接に成立する。代理店の報酬は売主（本人）から代理店に送金される手数料である。本人と代理店と顧客の関係を図式で示すと以下のようになる。

図表2－2　売主と代理店と顧客との関係

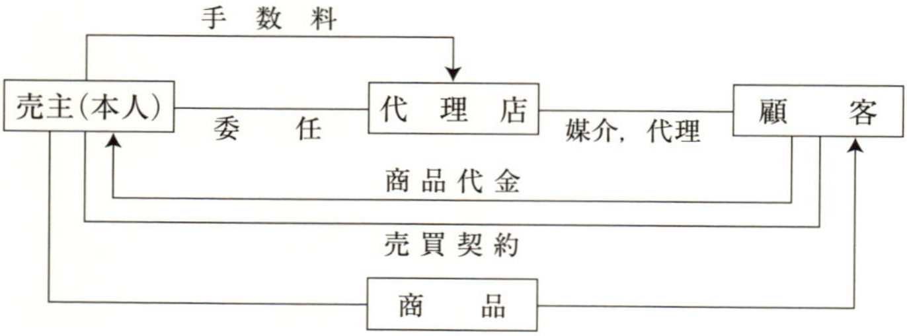

```
          手 数 料
売主(本人) ─────→ 代理店 ──媒介，代理── 顧客
          委 任
          商品代金
          売買契約
          商　品
```

2) 日本の代理店の類型

　代理店（agent）の法律上の概念，定義は国により異なる。また，保険の代理店，旅行代理店，国際運送を取り扱うフォワダー[1]等の特定の業界によっても，その性格，機能は異なる。

　代理店に関して日本では，代理商，問屋が類型として挙げられる。国際取引では代理商が多いが，例えば，メーカー等売主（本人）が，独立した事業者に自社製品の代理店に指名するケースを想定すると，代理店とは，メーカーのために顧客との取引について，メーカー本人のために契約を獲得するために商談，交渉を行い，ときには本人の名前で契約の締結を行う者をいう[2]。代理店の行為，

権限の範囲により，媒介代理商と締約代理商に分かれる。

① **媒介代理商**

媒介代理商は，取引の媒介や取次を行う業者のことをいう。売主のために顧客から取引の注文を獲得するための仲介，媒介を行うが，契約の締結権限をもたない代理商のことをいう。

② **締約代理商**

締約代理商は，顧客との間の売買契約を本人に代わって（on behalf of Principal），本人のために（for Principal）契約を締結し，契約書に署名する権限を有する代理商のことをいう。

③ **問　屋**

問屋は，他人のために自己の名をもって物品の販売または買入れの取次をすることを業とする者をいう。問屋は，委託者の商品の販売に関し，委託者から販売の委託を受けて，自己の名前で商品を販売する独立した商人である[3]。委託者にとり問屋の信用・経験を利用し，また，時には，問屋から金融の便宜を受ける利益がある。問屋は，委託された取引について，自己の名で取引をする点で，媒介代理商，締約代理商とは異なる。国際取引では，問屋はあまり利用されない。

3）欧州の代理店の類型

欧州諸国で使用される代理店の類型としては，Independent Commercial Agent, Sales Representative, Del credere Agentが挙げられる。

① **Independent Commercial Agent**

コモンローの法律事典であるBlack's Law Dictionaryの説明を引用すると，"Agent"とは，契約または代理関係に基づき，他者の為に行為する，または代理

する者であると説明している。"Independent Commercial Agent"に関する1986年EU理事会指令（86/653/EEC of 18 December 1986）によると，"Independent Commercial Agent"とは，本人に代わって商品の販売または購入の交渉をする，または本人に代わって，本人の名前で取引の交渉をし，契約締結を行う継続的権限を有する独立自営の仲介者をいうと定義されている[4]。

② Sales Representative

"Sales Representative"は，実務においては，独立した商人に授権した者をSales Representativeと呼称することが多い。しかし，個人に授権されることも少なからずある。個人の場合は，本人（principal）とSales Representativeとの間の関係が雇用者対被用者の関係（relationship between employer and employee）であるとの解釈があることに留意する必要がある。Sales Representativeは，本人との関係が雇用関係とみなされ，解約をする際に，雇用関係法に基づく補償問題が発生する恐れがある。したがって，代理店を起用する場合は，契約書に，Sales Representative の法的性格を明確にするために，雇用者，被用者の関係を否定する確認の規定，例えば，"Nothing in this Agreement or otherwise, shall make the agent or representative an employee of the Principal"（本契約および他のないものも，代理店または代表を本人の被用者としないものとする）等と規定することで，本人とSales Representativeとの関係が雇用関係にないことを確認しておくべきである。

③ Del credere Agentとは

Del credere Agent[5]は，代金回収保証を行う代理店のことをいう。Del credere Agentは，仲介，代理する商品の販売において，買主の支払能力，契約履行の保証を行う。その対価としてDel credere Agentに支払われる手数料をDel credere Commissionといい，通常の代理店手数料に追加の手数料が加わり，10％を超えるような高料率の手数料となることが多い。Del credere Agentはヨーロッパで利用されているが，日本企業が国際取引で用いることは

あまりない。

2 販売・代理店契約に類似する契約形態

　商品売買に関する長期の継続的取引契約は，販売・代理店取引契約の他にもあり，利用されている。以下に挙げる契約形態は，長期継続的取引契約である点で，販売・代理店取引契約と共通しており類似しているが，その意義，性格，機能は，販売・代理店取引契約とは異にする。

（1）　委託販売契約

　委託販売は，受託者が委託者から引き渡しを受けた物品を委託者のために保管し，委託者との間で約定された条件で，受託者の名前で顧客と売買契約を締結し，顧客に自己の保管(占有)する物品を引き渡す方法で販売する。物品の所有権は委託者に留保されており，販売によって所有権は委託者から顧客に移転する。委託販売契約（Consignment Agreement）の当事者は，委託者（consigner）と受託者（consignee）であり，委託販売店とは受託者をいい，両社間の契約を委託販売契約という。

（2）　フランチャイズ契約

　フランチャイザー（Franchiser）から一定の事業に従事する権利の許諾を受け，フランチャイジー（Franchisee）自らの危険と勘定で事業を展開する。事業展開においては，フランチャイザーの商標，サービスマーク使用許諾，事業のノウハウの提供，商品，原材料などの供給など包括的な援助をフランチャイザーから受ける。フランチャイジーはこれに対して，フランチャイザーに対価とし

て事業利益の一定率のロイヤルティーを支払う。フランチャイズ契約（Franchise Agreement）は，フランチャイザーが，フランチャイジーに対し，特定の商品をフランチャイザー使用の商標，サービスマークを使い，統一的な仕様で統一的販売方法のもとに販売する権利を与えるものである。フランチャイジーは独立した事業者で，自らビジネスリスクを負担し事業を行う当事者である。

（3） OEM調達契約

OEMとは，"Original Equipment Manufacturing"の略称である。OEM調達契約（OEM Manufacturing and Supply Agreement）は，買主側（委託者）が，メーカー側（受託者）に対して買主のブランドおよび仕様に基づき製品の製作，生産を委託して，受託したメーカー側は，継続的に製品を買主側に供給する長期継続的供給契約である。自社ブランド製品の販売のための市場開拓，販売促進を任せる販売店契約，代理店契約とはその性格は異なる取引形態である。

（注）
1) フォワダー（Forwarder）の概念は，他人の需要に応じて物品運送の取次，代弁，媒介，利用運送および付帯する業務を行うものをいう。具体的には，荷主のために運送を手配し，荷主と運送会社との間の運送業務を代行し，関連する運送書類を作成する業者のことをいう。
2) 商法27条では，代理商は，「商人のためにその平常の営業の部類に属する取引の代理又は媒介をする者で，その商人の使用人でない者をいう」と定義されている。
3) 商法551条（意義）「問屋とは自己の名をもって他人の為に物品の販売又は買い入れを為すことを業とするものをいう。」
4) EU理事会指令（86/653/EEC of 18 December, 1986）第1条2項："For the purpose of this Directive, commercial agent shall mean a self-emlployed intermediary who has continuing authority to negotiate the sale or the purchase of goods on behalf of another person, hereinafter called principal, or to negotiate and conclude such transaction on behalf of and in the name of that principal."
5) Black's Law Dictionaryでは，次のように定義している。"An agreement by which a factor, when he sells goods on credit, for an additional commission (called a "del credere commission"), guarantee the solvency of the purchaser and his performance of the contract. Such a factor is called a del credere agent."

第 3 章

独占権と非独占権

1 独占権の付与の意義とその効果

　販売・代理店契約に基づき，一定の領域において，一定の商品の販売権，代理権を授権されることになるが，その権利は独占権と非独占権に区別される。

（1） 独占権の意義

　海外において販売・代理店を起用する場合，その販売・代理店に対して独占権を付与することが多い。この場合，販売店は独占的販売店，または一手販売店といい，英語では"exclusive distributor"という。また代理店を独占的代理店といい，英語では"exclusive agent"という。
　独占権（exclusive right）は，一定の領域において，一定の商品の販売権，または代理権を，当該販売・代理店だけに付与することを意味し，当該領域において，当該商品について，他の第三者には一切販売権，代理権を付与しない

ということを意味する。独占権を付与する意義としては，売主にとれば，販売ルートを整理して，一社に集中させることにより，商品市場の混乱を避け，市場開拓，販売促進において不必要な経費負担を避けることができる。また，一定の販売量が見込まれることで，生産，販売計画が立てやすくなるメリットがある。また，販売・代理店にとっては，同一製品について，他者との競合なく，販売に専念することができるメリットがあることなどが挙げられる。

実際のビジネスでは，独占権を付与するケースが多いが，独占権を付与することによる法的効果，また売主，販売店，代理店が負う義務を正確に認識しておくことが大切である。

（2） 独占権の付与の効果

1） 売主（本人）の義務

① 売主（本人）は他に販売店，代理店を設けない義務

独占的権を付与する効果として，当該販売・代理店以外に他の販売店や代理店を置かない，他の第三者を通じて同一製品を販売しないという義務を売主に課すことになる。

② 売主（本人）の契約製品を直接販売しない義務

売主自らが当該地域で同一製品を，顧客に直接に販売できるか否かについては，原則的に販売してはならない義務を負うが，準拠法によりその解釈は分かれるところである。通常，契約書に"Seller shall not directly or indirectly offer, sell or export Products to Territory through other channel than Distributor（Agent）."（売主は販売店（代理店）以外の他のルートを通じて，領域に，直接または間接的に，製品の販売申入れ，販売または輸出をしないものとする）旨の規定が設けられるが，このような明示の規定がある場合は，売主の顧客に対する直接取引は契約違反となる。

2) 独占権を付与された販売店・代理店の義務

　独占権を付与された販売・代理店は，当然の義務として，契約製品と競業する，または類似する製品を扱ってはならない義務を負担するものではない。また，契約製品の販売，または注文の獲得を義務づけるものではない。販売・代理店に対する独占権の付与により，売主は，独占権保護のための一定の拘束を受けることになるが，販売・代理店は拘束を受けることはない。契約書において，販売・代理店を拘束する必要がある。例えば，契約書に，競業避止義務，契約製品の最低購入，または注文獲得等の販売・代理店の義務を明示的に規定しておくことが大切である。

2　非独占権の付与の効果

　非独占権（non-exclusive right）は，独占権の反対の意味の用語であり，売主は，独占権付与における拘束を受けることなく，当該領域において複数の販売店を設けることができ，第三者を通じて販売，顧客への直接販売をすることもできる。独占権付与における売主側の拘束を避けるためには，非独占権を付与すべきである。

3　契約書に独占権，非独占権付与の規定が無い場合

　販売・代理店に独占権または非独占権のいずれの権利を付与するかは，当事者間の約定による。契約書には，通常，独占権または非独占権付与の規定が設けられる。

　契約書に独占権（exclusive right）の語句を明示しない場合は，原則的に，非

独占権（non-exclusive right）と解される。但し，契約の内容から，また，長期にわたる継続的取引上の事実関係から，結果的に独占権を授権されていると解釈される恐れがあるので注意しなければならない。そのようなリスクを避けるためには，独占権または非独占権のいずれの権利を付与するかを契約書に明確に規定しておくべきである。

第4章

販売・代理店の指名と契約書の意義

1 販売・代理店の指名

　販売・代理店の指名は,必ずしも契約書を締結する必要はなく,単に口頭により指名されることもある[1]。また,事実関係の積み重ねにより,また,交渉途中のレター・オブ・インテントや他の文書により,販売・代理店の関係を主張して,トラブル,紛争の原因となる場合も少なからずある。例えば売主側が当該市場において新たな方式による販売拠点を設置,または,新しい販売・代理店を指名するために,従来の取引相手先の取引を止めることが原因となり,相手方から,販売・代理店としての権利主張がなされ,補償請求や損害賠償請求がなされ,紛争に発展するケースは少なからず発生している。

2 契約書が存在しない販売・代理店関係

（1） 事実上の販売・代理店関係の創設

販売・代理店の授権の形式は自由であり，実務的には様々な方式での販売・代理店関係が存在しており，一定の取引関係の継続により，事実上，販売・代理店の関係が認められることがある。

事例１：フランスで見本市に出展した商品に関して，フランスのＡ社から，商品の注文が入りビジネスが成立，以後も定期的に取引が継続し，Ａ社によるフランス市場での商品の販売が促進されていた。日本のＢ社とフランスのＡ社との間には，販売・代理店契約書は交わされず，取引関係が10年以上も継続していた。ある時に，Ａ社とＢ社との間に取引上の不和が発生し，Ｂ社がＡ社との取引を止めることをＡ社に通知したところ，Ａ社からは，独占的販売・代理店としての権利を主張して，解約に基づく補償および損害賠償が請求され，解約を巡る紛争に発展する。

（2） 不特定当事者宛に交付される授権文書

正式な契約書が交わされていなくても，不特定当事者宛てに交付する販売・代理店の授権を言及した文書により販売・代理店関係が認められることがある。

事例２：日本のメーカーＡ社は，工具を台湾のＢ社に継続的に輸出をしていたが，販売・代理店契約書は交わしていなかった。ある時，Ｂ社から，台湾のＢ社の得意先にＡ社の工具を紹介，販売する際に，Ｂ社はＡ社の特約店である旨の授権文書を発行する旨の依頼を受け，Ａ社は安易に授権文書を発行した。その後，Ｂ社との取引は減少し，その後の５〜６年間は，取引が殆ど無い状況

で，当事者のコミュニケーションも途絶えがちであった。そのような状況から，A社は，新たにX社を台湾市場での正式な販売・代理店とすることから，B社にその旨および取引を止めることを通知したところ，B社から，上述のA社が発行した授権文書を示して，B社がA社の独占的販売・代理店であると主張し，解約に基づく補償および損害賠償が請求され，解約を巡る紛争に発展する。

　上述の事例1，2のように正式な契約書を交わさずに，または曖昧な文書，合意書で，当事者間の間で一定の商品に関する取引関係を継続することにより，事実上の販売・代理店関係が成立してしまっているケースが数多くある。多くの国で，販売・代理店の契約関係は，法律上，口頭でも成立し，書面を要求しておらず，事実関係の積み重ね，継続により事実上の販売・代理店関係が存在していると法律上認定されることが多い。

　実務においては，相手当事者を正式な販売・代理店として認めたくない理由から，正式な契約書を交わさないで，曖昧な関係にしているケースが少なからずあるが，非常に高いリスクを抱えた取引関係となることを認識すべきである。

3　販売・代理店契約書作成の意義

　販売店，代理店関係に基づく権利，義務の詳細は当事者間で交わす契約書が大きく影響する。また，販売店，代理店契約の要素は，一定領域において，一定商品の販売権または代理権を付与することにあり，通常は独占的販売権，独占的代理権が付与される。独占権を付与することは，売主（本人）側に様々な義務が課されることになるが，これに対して，販売店，代理店側には具体的な義務は殆ど課されなく，販売店，代理店が権利の上に眠るというリスクがある。一方，販売店，代理店側にとっても，販売店，代理店の指名につき正式に契約書を交わして授権されていない状況での取引関係の継続は不安定なものである。そのような状況から，上述の事例のような様々なトラブル，紛争が発生するリ

スクが内在することになる。

　契約書の作成の意義は，当事者の関係および権利，義務を明確にすることにあり，また，当事者間における取引上のルールを具体的に定めることにより，当事者間の誤解を防ぎ，トラブル，紛争を予防することになる。さらに，万が一，トラブル，紛争が当事者の間で発生した場合には，当事者交渉において，また裁判や仲裁において，当事者が主張する根拠となる重要な証拠としての役割を果たすことになる。

(注)
1)　中東湾岸諸国の一部の国では，特別法に基づき，販売・代理店の起用は契約書を作成して当局への届け出が必要とされる。また，中米諸国では，販売・代理店の指名は文書が必要とされ，当局への届け出が必要となる。

第Ⅱ編

海外販売・代理店契約に関連して影響する法

> 本編では，海外販売・代理店契約に影響する公法的規制である独占禁止法，代理店保護関係法，そして，個別売買契約に適用される国際物品売買契約に関する国連条約（ウィーン売買条約：CISG）に関する基礎的知識を解説する。

第5章

販売・代理店契約と独占禁止法

　わが国の独占禁止法は公正な競争を制限，阻害する行為を，米国の反トラスト法では，競争者間の制限行為，取引段階での制限行為を，EUのEU競争法では，競争的制限行為を禁止し，違反に対しては，排除措置，課徴金等が科せられる。その他の諸国においても，公正な競争を阻害する行為等を禁止する独占禁止法が存在する。

　一定の販売・代理店契約およびそれに基づく行為は，独占禁止法の規制の対象となる。独占禁止法上違法な条項規定は無効，執行不能となるので，契約のドラフティングにおいては，独占禁止法上の規制を考慮しておかなければならない。

1　日本の独占禁止法

　独占禁止法の正式名称は，「私的独占の禁止及び公正取引の確保に関する法律」である。同法1条（目的）では，「私的独占，不当な取引制限及び不公正な取

引方法を禁止し，事業支配力の過度の集中を防止して，結合，協定等の方法による，生産，販売，価格，技術等の不当な制限その他一切の事業活動の不当な拘束を排除することにより，公正且自由な競争を促進し，事業者の創意を発揮させ，事業活動を盛んにし，雇用及び国民実所得の水準を高め，以って，一般消費者の利益を確保するとともに，国民経済の民主的で健全な発展を促進することを目的とする」と規定している。同法の公正かつ自由な競争の促進を目的とする考え方に基づいて競争を維持・促進する政策を「競争政策」とよんでいる。

独占禁止法では，私的独占，不当な取引制限をしてはならないとし（同3条），また，不公正な取引方法を用いてはならない（同19条）として，これらの行為を制限，禁止している。独占禁止法の目的を執行，達成するために，独占禁止法を運用するための機関として「公正取引委員会」が置かれている。

（1） 国際契約と独占禁止法

独占禁止法6条は，「事業者は，不当な取引制限又は不公正な取引方法に該当する事項を内容とする国際的協定又は国際的契約をしてはならない」としている。外国会社が国内の製薬会社に対して契約終了後の競争品の製造，販売および取扱を禁止することを内容とする国際契約の条項は，不公正な取引方法に該当し，同19条（不公正な取引方法の禁止）違反であるとした天野製薬事件（公取勧告審決，昭和45年1月12日）は有名である。天野製薬事件では国内事業者である天野製薬に対する法の適用を通して違法行為の排除がなされた（間接的域外適用）。最近のケースでは，公正取引委員会は，国際取引で排他的購入義務を課すことが実質的に競争を制限したものであり，独占禁止法2条5項に規定する私的独占に該当し，同3条（私的独占又は不当な取引制限の禁止）違反であるとして，日本国内に支店，事業所をもたない外国法人に対して直接に適用させる（直接的域外適用）判断を示している（ノーディオン事件：公取勧告審決，平成10年9月3日）。

（2） 独占的販売店契約と独占禁止法ガイドライン

　独占的販売店契約の中で規定される主要な事項に関して独占禁止法上問題となる事項は，主に不公正な取引方法に該当する事項であるが，同20条で，不公正な取引方法に違反する行為があるときは，公正取引委員会は，当該行為を差し止め，契約条項の削除その他当該行為を排除するために必要な措置を命じることができるとしている。不公正な取引方法の行為類型については，公正取引委員会告示で公表されている[1]。不公正な取引方法は，①共同の取引拒絶，②その他の取引拒絶，③差別対価，④取引条件等の差別取扱い，⑤事業者団体における差別取扱い等，⑥不当廉売，⑦不当高価購入，⑧ぎまん的顧客誘引，⑨不当な利益による顧客誘引，⑩抱き合わせ販売等，⑪排他条件付き取引，⑫拘束条件付き取引，⑬取引の相手方の役員選任への不当干渉，⑭競争者に対する取引妨害，⑮競争会社に対する内部干渉がある。

　販売・代理店契約については，「流通・取引慣行に関する独占禁止法上の指針」[2]がある。その指針の第三部が，「総代理店に関する独占禁止法上の指針」である。同指針は，第一部「事業者間取引の継続性・排他性に関する独占禁止法上の指針」，第二部「流通分野における取引に関する独占禁止法の指針」，第三部「総代理店に関する独占禁止法の指針」の三部構成になっている。

　同指針では，総代理店について，「事業者は，国内事業者であると外国事業者であるとを問わず，自己の取扱う商品を供給するに当たって，ある事業者に国内市場全域を対象とする一手販売権を付与する場合がある。このような一手販売権を付与される事業者は総発売元，輸入総代理店と呼ばれるが，付与される当事者を総代理店，これらの間の契約を総代理店契約という」と説明している。対象とされるのは独占的販売店契約であり，本人のために取引の媒介，代理を行う代理店契約は独占禁止法（以後，独禁法）の対象とはならない。

　競争者間の総代理店契約について，総代理店となる事業者が契約対象製品と同種の商品を製造または販売している場合であって，その市場におけるシェアが10％以上であり，かつ，その順位が上位3位以内であるときに，当該契約対

象商品の供給業者と総代理店契約をすることは，競争阻害効果が生じる場合があるとしている。競争阻害が生じると認められる場合には，不公正な取引方法に該当し，違法となる。

　総代理店契約の中で規定される主要な事項に関して，規定される条項で独禁法上問題とされるのは，①再販売価格の制限，②競争品取扱いに関する制限（契約期間中の制限は，原則独禁法上問題とはならない。契約終了後における競争品の取り扱い制限は，総代理店の事業活動を拘束して，市場への参入をさまたげることとなるものであり，原則として独禁法上問題となる。ただし，秘密情報の流用防止その他の正当な理由があり，かつそれに必要な範囲内で制限するものである場合には，原則として独禁法上問題とはならない。），③販売地域に関する制限，④取引先に関する制限，⑤販売方法に関する制限である。

　独禁法上問題とならない規定は，①一手販売権を付与する見返りとして，契約対象商品の最低購入数量もしくは金額，または，最低販売数量もしくは金額を設定すること，②契約対象商品を販売するための最善の努力をする義務を課すことである。

　並行輸入[3]の不当阻害は，独禁法上問題となるとしている。独禁法上問題となる行為は，①海外の流通ルートからの真正商品の入手の妨害，②販売業者に対する並行輸入品の取扱い制限，③並行輸入品を取扱う小売業者に対する契約対象商品の販売制限，④並行輸入品を偽物扱いすることによる販売妨害，⑤並行輸入商品の買占め，⑥並行輸入品の修理などの拒否，⑦並行輸入品の広告宣伝活動の妨害である。

2 アメリカの反トラスト法

(1) 国際契約と反トラスト法

　アメリカの反トラスト法は，連邦法と州反トラスト法がある。連邦法を例に挙げると，シャーマン法，クレイトン法，ロビンソンパットマン法，FTC（連邦取引委員会）法があり，不当に競争を制限する協定または行為に適用される。これらアメリカの反トラスト法は司法省反トラスト局および連邦取引委員会により執行されている。
　国際取引とアメリカ反トラスト法の関係において，アメリカ国内で事業活動を対象とした国際取引は反トラスト法の適用を受ける。例えば，販売店契約，フランチャイズ契約，技術ライセンス契約，ジョイントベンチャー契約，M&A等がその対象となる。販売店契約を含む国際取引契約の当事者の反トラスト法違反に対して，当事者である私企業が三倍額賠償請求訴訟を提起することができる。例えば，販売店契約の解約に関連して，解約された販売店側がシャーマン法等に基づき，相手方事業者に対して，一方的取引拒絶を理由として米連邦裁判所に訴訟を提起する事例などがみられる。

(2) 販売店契約と反トラスト法

　販売店契約に関係する連邦法を概観すると，シャーマン法1条では，数州間または外国との取引もしくは通商を制限するすべての契約，トラストその他の形態による結合または共謀は，これを違法とするとしている。取引制限行為としては，価格協定，顧客または地域の分割，取引拒絶，不当な取引制限等が挙げられる。クレイトン法では，将来取引を制限する恐れのある，排他的取り扱

い，条件，契約，協定の締結を規制の対象としている。クレイトン法2条の価格差別は，ロビンソンパットマン法1条により修正されたが，同条は，一定の状況の下，異なる買い手間で価格に差別を設けることは違法としている。連邦取引委員会法では不公正な取引方法を禁止している。販売店契約に関しては，再販売価格の制限，販売地域，取引先制限，抱き合わせ販売，価格差別が主な規制対象として挙げられる。参考とされるガイドラインとしては，司法省および連邦取引委員会発行の国際取引に対する反トラスト法の適用についての指針，「国際事業活動に関する反トラスト法執行ガイドライン」(Antitrust Enforcement Guidelines for International Operations issued by The US Department of Justice and The Federal Trade Commission, April, 1995) がある。

3 EU競争法

(1) 国際契約とEU競争法

EU競争法における取引制限に関して，EEC設立条約81条1項が重要な規定となる。同条1項では，「共同体市場における競争を妨害し，制限し又は歪曲する目的を有し又は効果をもたらす協定，事業者団体の決定及び協調的行為を禁止」している。その目的は，商品のEU域内での自由流通の原則の維持，およびEU共通市場の分割の阻止にある。85条1項の違反行為としては，価格カルテル，市場分割，輸出禁止および並行輸入の妨害行為，再販売価格の制限，販売先制限，競争品取扱いに関する制限が挙げられる。同条2項では，同条1項に違反する協定および決定は自動的に無効であるとしている。同条3項では，同条1項を適用しない旨宣言されることがあるとされており，EC理事会は一定の類型の協定について一括適用免除規則を制定している。

(2) 販売店契約とEU競争法

販売店契約は81条1項の適用があり、一定の領域における独占権の付与、再販売価格制限、顧客制限、領域外販売制限、競争品の取扱い制限などの条項が問題となる。

1) 一括適用免除規則

EC理事会が制定する垂直的流通契約に関する一括適用免除規則、EC委員会規則No.2790/1999（Commission Regulations（EC）No.2790/1999 of 22 December, 1999）が指針を示しており、販売店契約の内容が同免除規則の条件を満たす限りにおいて、81条1項に基づく競争的制限行為の禁止が免除される。但し、供給者の市場占拠率が30％を超える場合、免除は無い。また免除されない条件もあり、例えば、再販売価格の制限、競業禁止義務が不定期間もしくは5年を超える場合、最低購入義務で、前歴年の総購入の80％を超える購入義務は競業避止義務とみなされ免除されない。尚、一括適用免除規則は改定作業の段階にあり、近く改正される予定である。[4]

2) 85条1項に該当するか否かの解釈・運用指針の示す告示

さらに、EC委員会は、85条1項に該当するか否かの解釈・運用方針を示す告示を公表している。その告示のなかで、代理商との排他的取引契約に関する告示は、代理商と独立した商人（販売店）との区別の基準を明確化したうえで、独占的代理店契約は85条1項に該当しないとしている。区別の基準は、①在庫を保有するか否か、②価格、他条件を決定するか否か、③自己費用負担で顧客サービスを提供するか否かである。

3) デ・ミニミス・ルール

重要性の小さい契約に関する告示では、デ・ミニミス・ルール（de minimus rule）により、競争者間の契約は、契約対象商品の当事者合計のマーケットシ

ェアが10％を超えない場合，非競争者間の契約は15％を超えない場合は85条1項に該当しないとして，競争法違反手続から除外される。但し，再販売価格制限，領域および顧客制限，市場分割，価格カルテル，並行輸入の阻害等は除外されない点は注意を要する。

4 独占禁止法違反条項を含む国際契約の有効性

独占的販売店契約書に違反条項が含まれている場合，独禁法に違反する条項を含む契約の私法上の効力の問題が残る。この問題については，日本では，「不公正な取引方法の規制に違反した契約の私法上の効力について，その契約が公序良俗に反するとされるような場合は格別，同条が強行法規であるからとの理由で直ちに無効であると解すべきではない」と判示した判例がある（最判，昭和62年6月20日）。

販売・代理店契約等の独禁法などの影響を受ける国際契約では，通常，契約書中に，強行法規に違反する条項を含む契約の取扱いに関して，違反する条項によって契約および残される条項には影響を与えなく有効に存続する趣旨の分離条項（severability clause）規定が通常設けられる。例えば，簡単な規定として，次のものがある。"The invalidity or unenforceability of any provision of this Agreement shall not affect the validity or enforceability of any other provisions of this Agreement."（本契約のいかなる条項の無効，執行不能も本契約の他の条項規定の有効性，執行性に影響しないものとする。）

（注）
1) 不公正の取引方法は，昭和57年6月18日公正取引委員会告示第15号，改正　平成21年10月28日公正取引委員会告示第18号。
2) 流通・取引慣行に関する独占禁止法の指針は，公正取引委員会平成3年7月11日公表，改正：平成17年11月1日，改正：平成22年1月1日。
3) 総代理店が扱う輸入品について，第三者が契約当事者間のルートとは別のルートで対

象品を輸入することを並行輸入という。対象品は真正商品を前提としている。並行輸入商品が偽物の場合には，商標権侵害を理由にその輸入，販売を差し止めることができ，独禁法上問題とはならない。
4) No2790/1999は発効してから10年が経過しようとしており，同規則は2010年5月31日に失効する旨が規定されており，現在改正案が公表されている。

第6章

販売・代理店契約と代理店保護法

　販売・代理店契約の解除，更新拒絶に関連するトラブルは数多く発生している。例えば，適切な事前の通知期間がなく，突然の一方的な解約が不当であるとするトラブル，また，契約終了に伴う販売・代理店への補償，賠償トラブルが発生して，当事者間の交渉が拗れて紛争にまで発展してしまうケースも少なからずある。販売・代理店の指名，契約書の起案，また契約終了において，代理店保護法の影響を考慮して適切に対応することが，紛争を予防するうえで大切である。

　販売・代理店の解約，更新拒絶および契約終了に伴う補償に関しては，販売・代理店の利益を擁護する代理店保護法が少なからず影響する。代理店保護法は総称であり，代理店保護に関する特別法が公布されている国もあれば，民法，商法等のなかで代理店保護の規律が置かれている国，判例の集積による国，そのような法律も判例もない国など様々である。例えば，アメリカでは，連邦法，州法が関係してくるが，自動車ディーラー法（automobile dealers act），フランチャイズ法（franchise act），そしてシャーマン法，クレイトン法などの反トラスト法等が代理店保護に関係する法律として挙げられ，判例による集積がある。EU委員会は代理店保護法に関するモデル法を公表してEU地域での代理店保護

法の調和化を推進している。アラブ中東諸国や中米諸国では特別法を公布している。代理店保護法は各国毎にその内容が異なるので，各事案毎に該当する国，地域の代理店保護関係法を調査，検討しなければならない。以下に，アラブ中東諸国，中米諸国およびEUの代理店保護法を紹介する。

1　EUの代理店保護法

　EU諸国の代理店保護法に関しては，1986年の独立商業代理店に関するEU加盟国間の法律の調整に関する理事会指令（Council Directive 86/653/EEC of 18 December, 1986 on the coordination of the laws of the Member States relating to self-employed commercial agents）（以後，EU代理店法という）がある。EU代理店法は，EU加盟国に直接に適用される統一法ではなく，模範法である。その目的は，商業代理店に関するEU加盟国間の法律の調整にあり，特に解約に対する補償に関する規律について加盟国に理事会指令の内容に適応させることにある。加盟国は，一定期間内，1990年1月1日以内に，EU代理店法に適応した法令を施行させなければならない（同12条）としている。現実には，加盟国間で代理店法の相違があり，フランス，ドイツ，イギリス，イタリア等商業代理店に関する解約，補償の規律についてEU代理店法を採用した新たな法令を[1]施行している。また，既存の代理店法の改正をしている国もあれば，未だに理事会指令に対応した法令を施行していない国もある。

　EU代理店法では，第4章に代理店の解約に関する規定を設けている。期間の定めのある代理店契約で，その期間の満了後も両当事者間で履行が継続している代理店契約は期間の定めのない，不定期間の代理店契約に変更しているとみなされる（同14条）。期間の定めのない代理店契約の場合は，通知によって解約できる（同15条1項）。その通知の期間は，契約の第1年目は1カ月，2年目は2カ月，そして3年目およびそれ以降では3カ月としており，当事者は

その期間を合意によって短縮することはできない（同15条2項）。また，加盟国は，契約の4年目は4カ月の通知期間，5年目は5カ月，6年目およびそれ以降は6カ月の通知期間を規律することが可能であるとしている。但し，前述の規定は，一方当事者の債務の一部または全部を履行しない場合，または例外的な状況が発生した場合に即時解約をすることができるとしている加盟国の規律には影響しないとしている。

　補償，賠償に関する規定が第17条および18条に設けられており，加盟国は商業代理店が代理店契約の終了後，補償されること，また賠償されることを確保する手段を講じていなければならないとしている。補償の額については，解約から過去5年の期間の間に商業代理店が得た平均1年間の報酬を越えない額，また，5年以内の場合は，その期間の平均1年間の報酬を越えない額でなければならないとしている。賠償請求については，補償の許諾は商業代理店が賠償を請求することを妨げない（同17条2(c)），商業代理店は解約の結果，被る損害の補償を請求する権利がある（同17条3）。17条および18条の補償，賠償の規定は強行規定であり，当事者は17条，18条の規定に制約，制限，修正を加えることはできないとしている（同19条）。

　EU代理店が対象としているのは商業代理店であり，販売店については触れられていないが，販売店の解約に伴う補償，賠償に関してもEU代理店法を準用，類推適用されることが考えられる。EU諸国における販売店および代理店の解約に関しては，販売・代理店から補償，賠償請求が提起される恐れがあること，また，販売・代理店のそのような請求を保護する代理店保護法が存在することを念頭に置いて解約問題の対応をしなければならない。また，EU各国毎に代理店保護法の内容は異なるので，各国毎の法令，判例の調査が必要となる。

2 アラブ中東諸国の代理店保護法

　アラブ中東諸国における代理店保護法を検討する場合は，民法（Civil Code）と販売・代理店に関する特別法，そしてイスラムの宗教に基づくシャーリア（shar'a）を考慮しておかなければならない。特別法に関しては，シリア，レバノン，ヨルダン，エジプト，クウェイト，バーレーン，サウジアラビア，カタール，オーマン，イエメンでは代理店関係特別法[2)]が制定されている。

　アラブ中東諸国の企業との販売・代理店契約を検討する場合，民法，特別法の字句解釈だけでは済まされなく，シャーリアの影響と行政当局の影響があることを認識していなければならない。例えば，販売・代理店契約の解約につき，契約条件および法令に基づき契約を終了して，新しい販売・代理店を任命する場合に，販売・代理店に対する補償無しには済まされない。解約の実行に際しては，シャーリアが支配する。シャーリアの下では，本人と販売・代理店の関係は基本的に永遠であると考えられている。また，アラブ中東諸国での販売・代理店契約は登録制度を採用している国が多く，行政当局が販売・代理店契約の登録管理をしており，行政当局の承認に基づく登録の抹消をしない限り，新たな販売・代理店とのビジネスはできない。行政当局の事務官はシャーリアの支配，影響を受けており当事者間の契約，法令等を無視してシャーリアに従うことになる。結果として，販売・代理店の了解，合意なくしては解約できず，また，販売・代理店の補償，賠償問題を含む場合は，それらの問題を解決しない限りは実際には解約できないことになる。アラブ中東諸国の代理店保護法は代理店および販売店双方に適用される。

　アラブ中東諸国との販売・代理店契約では，イスラム特有の概念を認識し，各国の法令を検討したうえで解約交渉，契約書起案を行わなければならない。各国の法令も，エジプトやシリアのように弾力的な解釈をする国もあれば，サウジアラビア，バーレーン，などのように，シャーリア，行政当局の影響を多

く受け，独占販売・代理権条項や紛争解決条項に関して，準拠法，裁判管轄，仲裁地等についても，販売・代理店の地の準拠法および紛争処理手続でないと認められないとする国もある。尚，代理店関係法の規制緩和が図られている国もある。例えば，オマーンの代理店関係法は，登録制度，独占販売・代理権条項等，外国企業に厳しい内容となっていたが，1996年に代理店法を改定して，一部規制緩和され独占代理権条項が破棄されている。

3 中米諸国の代理店保護法

　中米諸国の代理店保護法は1960年代後半から70年代初頭にかけて，パナマ，ドミニカ，コスタリカ，エルサルバドル，ホンジュラス，グァテマラで販売・代理店保護のための特別法が公布されている。特別法の目的は，商品，サービスに関する代理店，販売店の認定とその保護にあり，不当な契約解除，取消し，修正または更新拒否を制限しており，不当な解除等の場合の販売・代理店の補償金の支払いを義務付けることにある。尚，中米のメキシコには代理店保護に関する特別法は存在しない。また，南米のブラジルでは，代理店契約を規制する特別法（Law4886/63, Law8420/92）があり，不当な解約に対する補償に関する規定が置かれている。

　中米諸国の代理店保護法は，内容，運用が共通する部分が多くあるので，代表的なパナマの代理店特別法を取り上げてその概要を紹介する。パナマの代理店特別法は1969年10月31日政令第344号（Law No.344 of October 31, 1969）と1970年2月7日施行令第9号（Decree No.9 of February 7, 1970）である。同法では代理店，販売店双方の形態を対象としている（政令344号1条，施行令1－3条）。公認された代理店，販売店とは，文書で指名され，商工省商務局に登録された自然人，法人としている（同政令1条，同施行令15条）。登録された代理店，販売店が同法の適用を受け，同法に規定された保護を受けることができ

る。代理店，販売店に指名された文書については，正式な契約書である必要はなく，授権された証明が為される文書でも認められる，例えば，手紙，ファックス等で販売店，代理店であること言及した文書も授権証書として認められる（同政令2条，同施行令13条）。代理店，販売店との間の契約において，代理店，販売店が同政令に基づき当局へ登録することを放棄する条項を含んではならないとしている（同政令21条）。公認された代理店，販売店は，正当な事由として記述された違反，過失を犯さない限りは，契約の解除，取り消し，修正または更新の拒否を行った場合は補償金を支払わなければならないとしている（同政令5条）。正当な事由については同政令6条に規定されており，a）契約条項の不履行，b）販売・代理店に課された業務について詐欺または背信行為のある場合，c）販売・代理店の無能，怠慢，d）販売・代理店に帰すべき事由により商品の販売が継続的に減少した場合，e）当該取引に関係する秘密情報を漏洩した場合，f）契約の目的である商品の輸入，販売の顕著な発展を妨げるような行為が代理店，販売店にあった場合が挙げられている。また，同政令に基づき発生する紛争の管轄権が商工省にあるとされている（同政令7条）。

(注)
1) フランス：Statute No.91-593 of June 25, 1991, Decree No.92-506 of 10 June, 1992 amending the Decree of 23 December 1958，ドイツ：Statute of October 23, 1989, ss.84-92c)，イギリス：Commercial Agents Regulations 1993 (SI 1993 No.3053，イタリア：Arts. 1742-1752 Cod. Civ. Statutorydecree of September 10, 1991.
2) シリア：Decree No.151/152 applicable commercial agencies/distributorships，レバノン：Decree No.9639 to Commercial Agencies，ヨルダン：Law No.44 to Commercial Agents and Intermediaries，エジプト：Law No.120 to Commercial Agencies and Commercial Intermediaries，クウェイト：Law No.36 to Organization of Commercial Agencies，バレーン：Law No 23 to Commercial Agencies and their Organization，サウディアラビア：Royal Decree No. M/11 regulating Commercial Agencies，カタール：Law No.4 regulating the Activities of Commercial Agents，UAE：UAE Federal Law No.18 regulating commercial agencies，オマーン：Royal Decree No.26/77 relating to Commercial Agencies，イエメン：Law No.36/92 regulating Agencies and Branches of Foreign Companies and Houses.

第7章

ウィーン売買条約（CISG）

　ウィーン売買条約が2009年8月1日から日本で発効した。同条約は，国際物品売買契約に適用され，国内物品売買契約は国内法（民法，商法）に委ねたまま，国際物品売買契約だけを対象にして法を統一するという万民型統一私法である。

　ウィーン売買条約の正式名称は「国際物品売買契約に関する国際連合条約」である（United Nations Convention on Contracts for the International Sale of Goods: 通称 "CISG"）（以後，CISGという）。1980年4月にウィーンで開催された外交会議で採択された。1988年1月1日に発効し，現在（2014年11月1日）の締約国は，アメリカ，カナダ，メキシコ，ブラジル，ドイツ，フランス，イタリア，ロシア，中国，韓国，シンガポール，オーストラリア等の主要貿易相手国を含め83カ国である。

1　CISG発効後の貿易取引

　CISGが対象とする国際物品売買契約に関して，最近の日本の貿易取引の形態は多様になっており，例えば，仲介貿易，OEM供給契約，販売店契約に基づく個別売買契約，機械設備・プラント契約などがグローバルに行われているが，これらの取引契約はCISGの対象となる。取引相手国が例えば，アメリカ，ドイツ，中国，韓国に営業所を有する企業との取引であれば同条約が適用されることになる。また，タイ等の未加盟の国に営業所がある企業との取引でも，日本法が準拠法の場合は，同条約が適用されることになる。同条約は，英米法と大陸法の融合を図った法律であり，日本の民法，商法とは異なる，また英国や米国の契約法とも異なるものである。

2　販売店契約とCISG

　CISGは国際物品売買契約を規律する法であり，販売権の付与の他，様々な規定を含む継続的基本契約である販売店契約自体は，原則としてCISGの適用はない。但し，販売店契約の下で締結される個別売買契約は，CISGが適用されることになる。販売店は，販売店契約に基づき契約商品を売主から直接購入することになり，売主と販売店の間に個別的に契約商品の売買契約が締結される。
　販売店契約書に個別売買契約の詳細な条件を規定して，個別売買契約では，商品番号，数量，納期等の条件をファックスやe-mailで確認する方式を採る場合，また，販売店契約書には個別売買契約の詳細条件を規定しないで，個別売買契約毎に契約条件を印刷した印刷約款で確認する方式を採る場合がある。い

ずれの方式においても，CISGが個別売買契約に関係する部分において基本契約の個別売買条件に関係する規定は，CISGの適用を受けることになる。尚，代理店契約に関しては，代理店が媒介，仲介する本人と顧客との間の売買契約に適用されるが，本人と代理店との間の代理店契約には同条約の適用はない。

3　CISGの構成と概要

　CISGは，全101条からなり，第一部「適用範囲及び総則」，第二部「契約の成立」，第三部「物品売買」および第四部「最終条項」で構成されている。CISGの概要は以下の通りである。

① 　第一部（1条-13条）

　条約の適用範囲，解釈の基準，総則的事項が規定されている。

② 　第二部（14条-24条）

　申込と承諾による契約成立のプロセスについて規定されている。

③ 　第三部（25条-88条）

　売主の義務および買主の義務について詳細な規定がされており，売主，買主それぞれの契約違反に対する救済および，契約解除の規定を置く。契約解除については解除原因が制限されており，重大な違反（fundamental breach）についてのみ契約解除が認められる。そして，危険の移転に関する規定，売主および買主の義務に共通する規定として，履行の停止と履行期前の違反，損害賠償，不可抗力による免責，契約解除の効果について定める。

④ 　第四部（89条-101条）

　加盟国の国際公法上の義務や留保条項，CISGの時間的適用範囲等。

4　CISGの適用範囲と規律のない場合の補充

　CISGはすべての事項が網羅されているわけではなく，CISGに規律されてない事項の解釈についても考慮しておかなければならない。
　①　CISGは，売買契約の成立並びに売買契約から生じる売主，買主の権利義務についてのみが規定されており，契約，その条項，慣習の有効性，並びに売買された物品の所有権については規律していない（4条）。
　②　物品によって生じた人の死亡又は身体の傷害に関する売主の責任（製造物責任）については適用されない（5条）。
　③　CISGで規律されない事項の解釈については，CISG 7条[1]に規定があり，その解釈は直ちに国家法によるのではなく，まずは，この条約の基礎をなす「一般原則」に従い，一般原則で解決できない場合に，国際私法の準則により国家法により解決されることになる。この条約の「一般原則」とは，例えば，当事者自治の原則，方式の自由，契約維持の原則，当事者協力義務等が挙げられるが，同 7 条(1)では，この条約の解釈にあたっては，その国際的な性質および国際取引における信義の遵守を考慮しなければならないと規定している。

5　CISGの適用基準

（1）　条約の適用

　条約の適用については，CISG 1条(1)で次のように規定されている[2]。

この条約は，営業所が異なる国にある当事者間の物品売買契約につき，次の場合に適用する：
 (a) これ等の国が，いずれも締約国である場合。
 (b) 国際私法の準則によれば，ある締約国の法の適用が導かれる場合。

1） CISG締約国との取引契約

営業所が異なる国に所在する当事者間の物品売買契約について，当事者の営業所の所在する国がいずれもCISG締約国である場合，例えば，日本に営業所を有する企業と中国に営業所を有する企業との間の国際物品売買契約はCISGが適用される。

2） CISG非締約国との取引契約

非締約国に営業所のある当事者との国際物品売買契約では，準拠法が日本法となる場合CISGが適用される。例えば，海外の販売店の営業所の所在地が非締約国の場合，法廷地が日本の場合は，日本の国際私法である「法の適用に関する通則法」（以後，通則法という）によることになる。通則法7条によれば，当事者が選択した法によるとされるが，契約書に規定された準拠法が日本法である場合は，CISG1条(1)(b)によりCISGが適用されることになる。また，契約書に準拠法規定がない場合は，通則法8条1項で，当事者合意のない場合は，最密接関係地の法が適用されるとしており，また，同2項で，法律行為において特徴的給付を当事者の一方のみが行うときは，その給付を行う当事者の常居所地法が最密接関係地法と推定するとされている。海外販売店契約では，日本の当事者が売主であり，売主の物品の引き渡しが特徴的給付とみなされるので，日本法が準拠法となりCISGが実質法として適用されることになる。

（2） 時間的適用範囲

CISG1条に基づき適用される契約は，日本を法廷地とする場合，日本で

CISGが発効する日（2009年8月1日）またはそれ以降に締結される契約である（100条2項）。CISG発効日以前に締結された契約には適用がない。CISG発効日以前に契約締結の申し入れが為された場合、その契約の成立については適用されない（100条1項）。

販売店契約の場合、CISG発効日またはそれ以降に締結される販売店契約に基づく個別売買契約に適用される。また、CISG発効日以前に締結された販売店契約の場合で、個別売買契約が発効日およびそれ以降に締結される場合には、その個別売買契約はCISGが適用される。したがって、これから締結しようとする販売店契約、またすでに締結済みで8月1日以降も継続する販売店契約の場合も、その販売店契約に基づく個別売買契約にはCISGが適用されることになる。

（3） CISGの任意規定性と合意による適用排除

CISG 6条は、「当事者は、この条約の適用を排除することができるものとし、12条の規定に従うことを条件として、この条約のいかなる規定も、その適用を制限し、またはその効力を変更することができる」と規定しているように、CISGの規定の大部分は任意規定であり、当事者間の合意が優先される。また、当事者の合意によりCISGの適用を排除することができ、当事者の営業所在地が双方とも締約国であっても、当事者間で契約書等にCISGを適用しない規定を置いている場合には、CISGの適用はなく、契約の準拠法は国際私法によって国家法が指定されることになる。適用排除の英文規定は以下の通りである。

"No provision of the United Nations Convention on Contracts for the International Sale of Goods shall apply to this Agreement."

「国際物品売買契約の国際連合条約のいかなる規定もこの契約には適用されないものとする。」

（4） 準拠法規定とCISGの適用

個別売買契約に適用される基本契約である，販売店契約書中には，通常，準拠法条項（governing law clause）が設けられるが，この準拠法規定は，原則，個別売買契約にも及ぶ。準拠法規定とCISGとの関係を以下に紹介する。

1） 国家法を準拠法とする規定

準拠法規定の多くは国家法が指定される。例えば，当事者合意の準拠法が日本法で，法廷地を日本とした場合，法の適用に関する通則法7条に基づき日本法が適用され，そして，実質法としてのCISGが適用される。同条約に規定のない事項は，CISG 7条に従い，同条約の基礎を成す「一般原則」を経て最終的に日本法が適用されることになる。

例えば，日本法を準拠法とする場合は，以下の規定が設けられる。

> Governing Law
> "This Agreement shall be governed and construed by and under the laws of Japan."
> 準　拠　法
> 本契約は日本法に従い支配されかつ解釈される。

2） 国家法を準拠法としてCISGの適用を排除する規定

CISGを排除する規定に関しては上述の5-(3)で述べた通りである。CISGを排除する規定のみであれば，準拠法の合意がされていないので，如何なる国家法が適用されるかが定まらない。

CISGを排除して，特定の国家法を準拠法とすることを考える場合は，国家法を準拠法としてCISGを排除する規定を設けるべきである。

下記の英文規定では，CISG 6条に基づき，同条約の適用はされなくて，国家法である日本法が準拠法として採用されることになる。

CISG排除，国家法準拠法指定は，例えば，以下のような規定である。

> Governing Law
>
> "This Agreement shall be governed and construed in accordance with the laws of Japan, excluding the United Nations Convention on Contract for the International Sale of Goods (CISG)."
>
> 準　拠　法
>
> 本契約は，国際物品売買契約に関する国際連合条約（CISG）を除外し，日本法に従い支配されかつ解釈される。

3）CISGを準拠法とする規定

締約国でない国に営業所を有する企業との取引では，CISGを準拠法とする規定が置かれることがある。一方当事者，または，当事者双方とも非加盟国であっても，当事者合意による法として，原則的に，同条約が適用されることになる。

例えば，以下のような条項規定である。

> Governing Law
>
> "This Agreement shall be governed and construed by and under the United Nations Convention on Contracts for the International Sale of Goods."
>
> 準　拠　法
>
> 本契約は国際物品売買契約に関する国際連合条約により支配されかつ解釈される。

4）準拠法規定を設けない場合

契約書に準拠法規定を設けていない場合，CISGが適用されるか否かが問題となるが，CISG 1 条に基づくと以下のようになる。

① 両当事者の営業所の所在国がCISG加盟国の場合：CISG 1 条 1 項(a)に基づきCISGが適用されることになる。

② 相手当事者の営業所の所在国が非締約国の場合：国際私法の準則に従い日

本法が準拠法となれば，CISG 1 条 1 項(b)に基づきCISGが適用されることになる。

(注)
1) CISG 7 条(1)この条約の解釈に当たっては，その国際的な性質並びにその適用における統一および国際取引における信義の遵守を促進する必要を考慮する。
   (2)この条約が規律する事項に関する問題があって，この条約において明示的に解決されていないものについては，この条約の基礎を成す一般原則に従い，またはこのような原則がない場合には，国際私法の準則により適用される法に従って解決する。
2) CISGの引用規定の邦訳は，外務省ホームページ公表の訳文による。

第Ⅲ編

海外販売・代理店契約書作成の実務

> 本編では，英文国際取引契約書の基本的知識，海外販売店契約書と代理店契約書の各条項規定を取り上げて，事例，英文条項例を交えて，契約書の作成の仕方，各条項規定の問題点，留意点を解説する。

第8章

英文国際契約書の基礎知識

1　国際契約書の特徴と意義

　国際取引の契約の成立は，一方の当事者の取引の申込に対する他方の当事者の承諾，即ち，申込と承諾による当事者間の意思の合致により成立とする。その方式は，口頭，行為，書面のいずれの方式でもよい。

　国際取引は，当事者の事業所が国境を越えて所在する当事者間の取引であり，国内取引と比較すると，当事者の言語，文化，法制度，宗教，民族，慣習等を異にすることから，コミュニケーションがうまくいかず，誤解，トラブルが発生するリスクが高い。また，紛争に発展すると，その解決には多大の労力，時間，費用がかかり，難しいものである。このような誤解，トラブル，紛争をできる限り避けるための予防的対策として，契約交渉における明確な条件の取り決めと契約書の作成が重要な役割をもつことになる。国際取引契約は国内契約と比較すると以下の特徴がみられる。

（1） 誠実交渉条項と完全合意条項

　日本の契約観では，契約の成立は，当事者間の信頼関係の成果であり，ビジネスにおける友好，協調関係が強調される。契約書を作成しないで，口頭，またはメモ程度の文書で済ますことがある。また契約書を作成しても，あまり詳細には規定しない傾向にある。国内契約書では，「本契約に規定のない事項，または本契約から誤解，問題が発生した場合は，信義，誠実の原則の下で，交渉，解決する」という趣旨の規定をみかけることがよくある。所謂，「誠実交渉条項」と称せられる条項である。このような規定は国際契約ではみられない条項であり，海外，特に欧米の当事者には理解され難い条項である。

　これに対して，欧米の契約観では，契約の締結は，交渉の終着駅であり，交渉した結果を詳細に規定する傾向にある。英文国際契約書では，通常，「完全合意条項」が規定される。この規定は，当事者間で調印された契約書は，当事者間の完全な合意を構成し，以前に為された交渉における合意事項が全て契約書に統合されているものとして理解され，当事者間で調印された契約書が，以前の交渉事項に優先するものであるとする趣旨の規定である。コモンローの下では，当事者間で最終的に調印された契約書内容につき，以前の交渉中に為された口頭，書面の合意事項により契約書の内容を覆すことができなく，常に契約書が優先するとされる，「口頭証拠排除の原則」（Parol Evidence Rule）がある。国内契約書のように，誠実交渉条項を含む，簡単な内容の契約書は，コモンローの下では，未確定条件を多く残す，曖昧な合意文書であり，中間的，予備的合意書としての役割であり，最終契約書として見做されないこともあり，その法的効果に問題を残すことになる。

（2） 契約書の言語

　国際取引契約においては，日本企業にとり，契約当事者間の言語が異なるので，契約交渉や契約書の作成に使用される言語をとり決めなければならない。

英語は国際的な共通の言語として，国際契約書に最もよく使用される言語である。英語圏以外の国の企業との取引，例えば，中国企業との取引では，英語を使用，または日本語と中国語の双方言語を使用することも多い。また，ロシア企業との契約書では，ロシア語と英語の双方言語が使用される契約書をみかける。

　複数の言語を使用した契約書では，契約書の正文言語と翻訳言語の法的効果の違いがあることに留意して，いずれの言語が正文言語であるかを契約書に明確に規定しておくべきである。また，翻訳言語と正文言語の法的効果の相違があり，翻訳はあくまでも正文言語の解釈補助としての役割，性格のものであり，正文言語が優先的に解釈される。両言語を正文言語とする場合には，契約書条文の解釈において，いずれの言語が優先的に解釈されるかを契約書に規定することがのぞまれる。そのような規定が無い場合は，契約交渉や契約書ドラフティングの言語が優先的に採用されて解釈される可能性が高いことを認識しておくべきである。

（3）　契約交渉段階での文書，合意書

　国際取引では，契約交渉の間に多くの文書，合意書が交わされる。例えば，交渉，会議の後に記録される，議事録（minutes），覚書（Memorandum），また，中間的合意書であるレター・オブ・インテント（Letter of Intent），また，交渉途中に開示される秘密情報の保護管理を目的とする秘密保持契約（Secrecy Agreement）等である。国際取引では，これらの文書，合意書を交わす目的，役割，また法的性格を認識して，文書の取り扱い，管理を慎重に行うことが求められる。

（4）　国際的商慣習

　国際取引では，商慣習を取りまとめた国際的統一規則が利用される傾向にあ

る，例えば，国際商業会議所が作成したインコタームズ（INCOTERMS）等である。また，国際的な法解釈の調和化を目的として作成された法の一般原則が利用される傾向になる。例えば，ユニドロワ（UNIDOROIT）国際商事契約原則などである。これ等はいずれも，レックスメルカトリア（Lex Mercatoria）といい，商人法，または商慣習法として重要な役割を果たしている。国際契約書では，通常，これ等レックスメルカトリアを当事者間の慣習として合意する旨の規定が契約書に設けられる。

(5) 準拠法条項

国際取引契約は国境を越えて法域の異なる複数の当事者間の取引契約であり，契約に関して法的解釈問題が発生すると，いずれの国，または地域の法律に基づき解釈されるのかという，法の適用（applicable laws），準拠法（governing laws）の問題が発生する。国際取引契約では，通常，契約書に準拠法を指定する規定を契約書に設けることで，法的予測可能性を高める方法がとられている。

(6) 紛争解決条項

国際取引契約から発生する紛争の強制的な解決手段は，訴訟と仲裁である。訴訟による解決では，企業間の国際取引紛争を解決する国際裁判所等は存在せず，各国の内国裁判所が管轄することになり，国際裁判管轄の問題が発生する。国際取引契約では，紛争処理手段に訴訟を選択する場合には，契約書に「裁判管轄合意条項」（jurisdiction clause）を規定して，予め国際裁判管轄合意規定が設けられる。

仲裁による解決では，私的自治による解決手段である仲裁は，当事者の紛争を仲裁で解決する旨の合意を要件とする。合意の方式には，当事者間で発生した紛争を仲裁で解決する旨の合意（仲裁付託合意：submission）と将来発生するかもしれない紛争を仲裁で解決する旨の予めの合意（仲裁条項：arbitration clause）がある。国際取引契約では，紛争処理手段に仲裁を選択する場合には，契約書に「仲裁条項」が規定される。

2　英米契約法と契約英語

（1）　英米契約法の契約と約因

英米契約法の下では，以下の単純契約と捺印証書の2つの種類の契約に大別される。

1）　単純契約

通常の一般の英文契約は捺印証書（deed）によらない単純契約（Simple Contract）であり，方式は自由（口頭，書面，行為）である。拘束力が認められるには約因（consideration）が必要とされる。この点は，日本を含む大陸法系の諸国との大きな相違である。約因とは，約束者（promisor）と受約者（promisee）の利益，不利益の交換，約束者の約束の引き換えに求め，受約者が約束者の約束と引き換えに与えた履行又は約束である（例えば，売主の物品引き渡しに対する代金の支払いの約束）。約因は単純契約の成立要件であり，約因を欠けば，捺印証書を作成しない限り契約の効力は発生しない。

2）　捺印証書

捺印証書は，通常の単純契約書，文書に一定の法的効果を与える証書であり，一定の方式が求められる方式契約である。契約書に署名し，印影（Seal）を押し，そして相手方に交付（delivery）した契約書。現在では，不動産譲渡証書や信託証書などに利用されている。

（2） 詐欺防止法

　米国の契約法である統一商法典（Uniform Commercial Code）Sect. 2 −201条では，500ドル以上の物品売買契約は契約書がなければ法的に効力がなく，裁判所で強制できない。また，州法においても1年を超える契約は契約書を要求している。なお，米国が加盟する国際物品売買契約に関するウィーン売買条約では，契約成立の方式は自由であり書面を要求していない。

（3） 英米法の口頭証拠排除の原則と完全合意条項

　口頭証拠排除の原則（Parol Evidence Rule）とは，契約書（contract），捺印証書（deed），遺言書（will）について，書面化された合意内容ないし意思内容と異なることを他の口頭証拠または文書証拠を用いて証明することを許さないという準則。口頭（Parol）となっているが，文書証拠も許されない点に注意が必要である。

　日本を含む大陸法にはこのような法原則の概念はなく，英米法の特徴であり，英文国際契約書には，この法原則が反映して，ほとんどの契約書に完全合意条項が規定されている。英語ではこの条項を，"Entire Agreement Clause"，または "Merger Clause" という。例えば，以下のような条項規定である。

［完全合意条項（Entire Agreement Clause）］

　This Agreement constitutes the entire and complete agreement among the parties concerning the subject matter of this Agreement and supersedes all prior agreements. There are no representations, inducements, promises or agreements, oral or otherwise among the parties not embodied in this Agreement. No amendment, change from this Agreement shall be binding on any party unless executed in writing by the duly authorized officers or representatives of the parties hereto.

> 本契約は本契約の対象事項に関する当事者間の唯一完全なる合意を構成し，全ての以前の合意に優先する。本契約書に含まれていない，口頭または他の方式の当事者間のいかなる表示，誘引，約束または合意も存在しない。本契約書からのいかなる修正，変更も本契約当事者の正当に権限を有する役員または代表者により書面で締結されない限り拘束するものではないものとする。

（4） 契約英語の基礎

1） 契約の目的

　契約書の本文では，法的効果，法的拘束性のある規定が設けられる。契約の当事者は，本文に規定される各条項に拘束されることになる。特に，主要条項では，当事者の権利，義務の規定が中心に記載される。主要条項は，契約の重要事項であり，通常は，本文の前半部分に規定され，まずは，契約の目的（objective）が記載される。当事者が履行する取引契約形態，および一定の権利を付与し，それを承諾する当事者の合意規定を簡潔に規定することにより，契約の目的を明確にして，その後に，当該契約の権利，義務に関する条項を詳細，具体的に規定する。

　例えば，売買契約の目的を以下に示す。

> Objective
> 　"Seller agrees to sell Products to Purchaser and Purchaser agrees to purchase Products from Seller subject to the terms and conditions hereinafter set forth."
> 目　的
> 　本契約の条件を前提に，売主は製品を買主に販売し，買主は売主から購入することに合意する。

2） 権利，義務を表す契約英語

　国際取引契約書の主要条項では，主に当事者の権利，義務に関する規定が記載される。特に，義務履行に関する規定が多い。相手当事者の義務規定を設けることで，相手に何を求めるかが明確となる。相手方の義務不履行，契約違反に関して請求する場合には，契約書に規定されている条項規定および関係法令に従って，改善を求めたり，履行の請求，契約の解消，損害賠償などを求めることになる。

　義務を表す規定として，例えば，"Distributor shall not deal in any products similar to and/or competitive with the Products."（販売店は契約製品と競合，または類似する如何なる製品も取り扱わないものとする）の規定は，販売店を拘束する不作為義務規定である。万が一，販売店が類似品を取り扱っていることが発見された場合には，販売店に対して，当該条項規定を根拠に契約違反を指摘して，改善を求めることになる。

　① "shall"は義務，債務（〜しなければならない）を顕す

　英文契約書の履行義務条項を規定するうえで，法的義務を顕す英文語句を使用しなければならない。例えば，"We will pay you the commission"（当社は手数料を支払います）の規定では，履行義務（債務）の表現とはなっていない。文中の"will"は，単なる未来，意思の表現となる。

　義務（債務）の意味を顕すには，"We shall pay you the commission"と規定する必要がある。"shall"は履行義務を顕す表現であり，手数料を支払わないと契約違反となる。

　② "shall not"（〜してはならない）不作為の法的義務を顕す

　英文契約書で，不作為（〜してはならない）法的義務を顕す英文語句は"shall not"を使用する。例えば，"Distributor shall not sell the Products outside the Territory"（販売店は領域の外では製品を販売しないものとする）と規定する場合，販売店は領域外に製品を販売してはならない不作為債務を負うことになる。

　③ "may"は権利を顕す

英文契約書では，権利を顕す表現に"may"を使用することが多い。"may"は"reserve the right to"（権利を有する）と同義語である。

例えば，"Seller may terminate this Agreement if Buyer fails to perform any of its obligation under this Agreement"（売主は，買主が本契約に基づく義務を履行しない場合は，本契約を解除することができる）と規定することで，解約権の規定となる。

④　"be entitled to"は権利を顕す

"entitlement"は利益又は権利を受ける資格を意味する。英文契約書では，"be entitled to"の語句を使用する。例えば，"Agent is entitled to commission at the rate of 4 % of the invoice price of the products."（製品の送状価格の4 %の手数料を受ける権利がある）と規定する。代理店は，4 %の手数料を受領する，資格，権利があることを意味する。

⑤　"warranty"と"guarantee"は保証義務，債務を顕す

製品の品質保証，機械設備の機能保証，債務保証等の保証義務を顕す語句には"warranty"，または"guarantee"を使用する。

(ア)　"warrant"は，主に，品質または権限の保証をする場合に使用する。例えば，売買契約の品質保証規定に"warranty"の語句が使用される。例えば，"Seller warrants that the Products are free from defects and conform to the Specifications".（売主は，製品は瑕疵がなく，仕様書に合致するものであることを保証する）となる。

(イ)　"guarantee"は，主に保証契約の他人の債務を保証する場合に利用されるが，実務上では，品質保証，機能保証を顕す場合に用いられることもある。例えば，売買契約の物品の最低購入保証の規定に"gurantee"を使用することで，保証義務の表現となる。すなわち，"Distributor guarantees to purchase the Products not less than 10,000 sets".（販売店は製品を10,000台以上購入することを保証する）と規定する。

3　英文販売・代理店契約書の構成

　長期継続的契約である販売店・代理店契約の場合，通常，各条項毎に交渉を積み重ねる，交渉積み上げタイプの契約となる。英文契約書は，通常，Ａ４サイズの用紙を使用する。契約書の構成は，①標題，②導入部（契約締結地，契約日，当事者の記述，説明条項），本文（主要条項，一般条項，紛争処理条項），最終部（末尾文言，署名欄）からなる。英文契約書構成見本は，以下を参照願いたい。

英文契約書構成見本

英文契約書構成（販売店契約書）

Exclusive Distributorship Agreement ─────── 標題

This Agreement made and entered into at ＿, as of ＿day of ＿, 201＿, by and between ABC Limited, a Japanese corporation, having its principal office at ＿＿＿＿＿＿＿＿＿＿＿＿, (hereinafter referred to as Seller), and XYZ Corporation, a ＿＿＿＿＿corporation, having its princinpal office at ＿＿＿＿＿＿＿＿＿＿＿＿＿ (hereinafter referred to as Distributor)

　　　　　WITNESSETH:

　　　　　　　　　　　　　　　　　　　　　　　　導入部

Whereas, Seller is desirous of exporting and selling the Products as defined in Article__ hereof in the Territory as defined in Article__ hereof, and 〉説明条項

Whereas, Distributor is desirous of importing the Products from Seller and selling and distributing them in the Territory.

NOW, THEREFORE, in consideration of the premises and the mutual covenants hereinafter set forth, Seller and Distributor hereby agree as follows:

1 _____

2 _____

〉本文

IN WITNESS WHEREOF, the parties hereto have caused this Agreement in English and in duplicate to be signed by their duly authorized representatives or officers as of the date first above referred to. 〉末尾文言

ABC Limited　　　　　XYZ Corporation

By _____　　By _____
　　　　,President　　　　　　　,President

〉署名欄

4　契約書の表紙

　契約書には，通常表紙が付けられるが，表紙には，①標題，②契約当事者が記載される。また，契約日が記載されることもある。契約書表紙見本は次の通りである。

契約書表紙見本

EXCLUSIVE DISTRIBUTORSHIP AGREEMENT

between

ABC LIMITED

and

XYZ CORPORATION

第9章

英文販売店契約書の作成

　本章では，独占的販売店契約を取り上げて，契約書の各条項規定について，英文規定例を交えて解説する。

1　標　　題

　標題は契約の形態が一見してわかるように記載される。販売店契約の場合，英文では，Distributorship Agreement，または独占販売店契約の場合は，Exclusive Distributorship Agreement，非独占販売店契約の場合は，Non-Exclusive Distributorship Agreement等が記載される。標題はあくまでも参考として表示されるものであり，標題自体法的効果はなく，契約内容と標題が異なる場合は契約内容が優先する。

2　導　入　部

　導入部では，一般的に，①契約締結地，②契約日，③当事者の記述，④説明条項，⑤導入部から契約書本文に入る繋ぎ文言が記載される。導入部の英文例は以下の通りである。

　This Agreement made and entered into at ①＿＿ as of ②day of, 2010 by and between ③ABC Limited, a corporation organized and existing under the laws of Japan, having a principal place of business at ＿＿＿＿＿＿ (hereinafter referred to as Seller), and XYZ Corporation, a corporation organized and existing under the laws of ＿＿＿＿＿＿, having a principal place of business at (hereinafter referred to as Distributor),

WINESSETH

1 whereas④＿＿＿＿＿＿＿＿＿＿＿＿＿＿＿＿＿＿＿＿＿＿＿
2 whereas＿＿＿＿＿＿＿＿＿＿＿＿＿＿＿＿＿＿＿＿＿＿＿＿
3 whereas＿＿＿＿＿＿＿＿＿＿＿＿＿＿＿＿＿＿＿＿＿＿＿＿
NOW, THEREFORE⑤, in consideration of the premises and the mutual covenants hereinafter set forth, the parties hereto agree as follows:

＿＿＿＿＿＿＿＿＿＿＿＿＿＿＿＿

　日本国の法律に基づき設立され現存する法人であり，その主たる営業所を＿＿＿＿＿＿＿に有するABC Limited（以下"売主"と称する）と＿＿＿＿＿＿の法律に基づき設立され現存する法人であり，その主たる営業所を＿＿＿＿＿＿＿＿＿＿＿＿に有するXYZ Corporation（以下"販売店"と称する）との間に＿＿年＿＿月＿＿日に＿＿＿＿＿＿において締結された本契約は，以下のことを証する。

　　1＿＿＿＿＿＿＿＿＿＿＿＿＿＿＿＿＿＿＿＿＿

2 _____
3 _____
　よって，本契約の前述の事項および本契約に記載される相互の約束を約因として，本契約当事者は以下の通り合意する。

（1）　契約締結地

　契約締結地を省略している契約書は多くあるが，契約締結地を記載することで，時には，契約の準拠法や国際裁判管轄の決定において影響を与える要素となることがある。また，日本の印紙税の課税基準において，契約締結地が影響する。

（2）　契　約　日

　契約日は，他に異なる契約発効日を意図する規定が無い限りは，契約当事者が最後に契約書に署名した日が契約発効日となる。英文国際契約書では，導入部の冒頭に記載される契約日が記載されることが多いが，この場合は，当事者の契約書署名日とは関係なく，契約発効日を意図すると解されている。一般に，導入部の冒頭記載年月日と署名日とは異なることが多いが，英文で，例えば，"as of 1st day of January, 201-"と記載することにより，実際の署名日とは異なっていても，"as of"の表現は，契約日を遡及させることを意図した表現であり，希望する年月日を記載している場合に，実際の署名日が後日となっても，冒頭記載の年月日が契約日として適用される。

（3）　当事者の記述

　当事者の名称は，法人の場合，登記，登録上の正式名称を記載する。当事者の住所は登記上の本店または主たる営業所の所在地が，そして法人格の種類と

設立準拠法が記載される。また，当事者が法人の場合に，その代表者を記載することもある。個人が当事者となる場合には，個人の名称，国籍，住所が記載される。

（4） 説明条項

　説明条項は，Whereasから始まるので"Whereas Clause"とよばれている。当事者の事業の紹介，契約締結に至った背景，契約の目的などが記載される。説明条項は契約の目的や契約締結の経緯を把握するための補助的規定であり，必ず記載しなければならない条項ではない。

　説明条項と本文規定との関係において，説明条項は本文に記載される規定と違って法的拘束性のある規定ではなく，本文規定の解釈が不明瞭となる場合に，補助的解釈資料としての役割の性格をもつ規定である。契約上の権利，義務として法的効果のある規定とするためには本文に規定しなければならない。

（5） 導入部から契約書本文に入る繋ぎ文言

　前文から契約書本文に入る繋ぎの文言の始まりに，"NOW THEREFORE"（よって）といった形式で慣用的に使用されている。また，"in consideration of ……"．（……を約因として）の文言を英文国際契約書では記載されることが多い。英米契約法では，契約の成立は，当事者の合意に「約因」の存在が要件とされており，上記文言は英米契約法上要求される契約の約因の存在を表明している。

　約因とは，当事者の合意によって，約束と交換に，約束者が受ける利益，受約者が受ける不利益の当事者間相互の約束の存在をいう。

　上記文言は慣用的に使用されており，特に記載しなければならないものではない。簡単に"The parties hereto agree as follows:"（本契約当事者は以下の通り合意する）と規定するだけでもよい。

3 定　　義

　定義規定は，通常，契約書本文の冒頭に記載される。定義を設ける意義は，契約書の本文中で表現される概念，用語をより明確にすることで，当事者間の誤解，紛議を避けることができ，また，概念等の表現が長文となる場合に，用語を簡潔に定義することで，長文の反復を避けることができ，契約書本文を読みやすくすることにある。定義の英文規定を以下に示す。

Definitions

In this Agreement, following terms have the meanings as follows:
1　The word "Territory" means ……
2　The word "Products" means ……
3　The word "Trademark" means ……

　定　　義
本契約中，以下の用語は以下の意味を有する。
1　"領域"とは
2　"製品"とは
3　"商標"とは

---

4 販売店の指名

　販売店の指名の規定は，契約の目的となる規定であり，主要条項の内，中心となる規定である。販売店に対して売主の商標を付した製品の販売店を指名す

る場合に、販売領域と契約製品の範囲を特定することが大切であり、その範囲を明確にしたうえで、販売店に対して、独占販売権か非独占販売権の許諾を検討して、いずれかの権利を契約書に明記するべきである。独占、非独占権を明示しないで、「販売権を許諾する」、または「販売店に指名する」とした場合は、原則として、非独占販売権または非独占販売店と解釈される。しかしながら、実際には、長期に継続する取引の間に、売主から販売店に対して、独占権を許諾することをほのめかす、または独占的販売店として承認するような言動、行為が行われていることがよくあり、事実上、独占的販売権の許諾、または独占的販売店とみなされるといったケースは数多くみかける。

販売店の指名の基本的な英文規定は以下の通りである。

---【販売店の指名その1】---

Grant

"Seller hereby grants Distributor*「an exclusive」,「a non-exclusive」right to distribute and sell the Products under the Trademark in the Territory, and Distributor shall accept such grant."

許　諾

売主は販売店に領域において商標を付した製品を販売する「独占的」、「非独占的」権利を許諾する。また、販売店はかかる許諾を受諾する。

＊「独占」、「非独占」いずれかを選択。

---【販売店の指名その2】---

Appointment

"Seller hereby appoints Distributor*「an exclusive」,「a non-exclusive」distributor for the sale of the Products under the Trademark in the Territory, and Distributor shall accept such appointment."

> 指　　名
> 売主は販売店を領域において商標を付した製品の販売のための*「独占的」,「非独占的」販売店に指名する，また，販売店はかかる任命を受諾する。
> ＊「独占」,「非独占」いずれかを選択。

(1) 契約製品，販売領域の範囲の特定

1) 契約製品

　契約製品の範囲および販売領域の範囲の特定に関しては，通常，定義規定が設けられる。例えば，"The Products mean those products listed in Schedule 1"（製品とは付表1に掲載される製品を意味する）と定義される。契約製品の定義は，例えば，売主が扱う全製品とする規定もみかけるが，販売権を許諾した契約製品の範囲をめぐってトラブルが発生することもあるので，できる限り具体的に契約製品を特定することが望ましい。通常は，製品の種類，品目番号，型番号などを併記して特定する方法がとられる。

　販売店契約は長期の継続的取引であり，契約期間中に契約製品の追加，削除しなければいけない事情が売主に発生することがある。例えば，一部契約製品の生産中止，また，新製品の開発などが考えられるが，そのようなケースを想定する場合には，契約製品の加除の規定を設けておくべきである。英文規定は次のような条項が考えられる。

> Change of the Products
>
> "Seller shall be entitled at any time to add, replace or delete any item of the Products listed in Schedule 1, provided that Seller shall so advise Distributor at least (……) days in advance in writing specifying the effective date of change made to Schedule 1."

> 契約製品の変更
> 　売主は付表1に掲載される製品のいかなる品目も随時追加，取り替え，削除する権利がある。但し，売り主は付表1の変更の発効日を特定した書面による少なくとも（　）日の事前の通知をするものとする。

2）販売領域の特定

　販売領域の特定に関して，例えば，"The Territory means those geographical area listed in Schedule 2."（領域は付表2に掲載される地域を意味する）と定義される。販売権を許諾する地域を各国，各地域毎に具体的，明確に規定することが望まれる。例えば，販売領域をEU全域とした場合，契約期間中に，EU加盟国が随時追加されることがあり特定されないので，各国毎に挙げておくことが望まれる。中国や米国などの広大な大陸を要する国の場合などは，各省，各州単位で具体的に明確に規定する方法もある。

　販売領域の広，狭は販売店の販売ネットワーク，販売能力に応じた領域を定義することが肝要であるが，EU全域などと広い範囲の販売領域を許諾していることが少なくない。

事例3：ドイツの販売店にEU全域の独占的販売権を許諾していたが，販売店のネットワークがドイツ近隣諸国に限られていたため，東欧，南欧地域の市場開拓，販売促進が為されていない状況の下，それらの地域から相当の引き合いが売主に寄せられたが，独占的販売領域のために売主が直接に取引すると領域侵害となり，取引ができないために，ビジネスチャンスを逃してしまった。

　事例3のような事態を予防するためには，販売店の販売能力に応じて，売主が販売領域の地域を追加，削除をする権利を売主が留保することが考えられる。例えば，以下のような英文規定が考えられる。

> Change of the Territory
> "Seller shall be entitled at any time to add　or delete any geographical

area of the Territory listed in Schedule 2, provided that Seller shall so advise Distributor at least (……) days in advance in writing specifying the effective date of change made to Schedule 2."

> 領域の変更
> 売主は付表2に掲載される販売領域のいかなる地域も随時追加,削除する権利がある。但し,売主は付表2の変更の発効日を特定した書面による少なくとも(　)日の事前の通知をするものとする。

3) 契約製品に付される商標

販売店契約では,通常,売主の商標を付した契約製品の販売権を販売店に授権することになるので,契約製品に付される商標を特定しておくことが大切である。例えば,"The Trademark means those trademarks listed in Schedule 3."(商標は付表3に掲載される商標を意味する)。特定される契約製品に付される商標は,売主の所有に帰属するものであり,販売店に対して商標の尊重義務を課しておくことが大切である(本章「18　商標尊重条項」を参照)。

(2) 独占的販売権許諾による売主の義務

売主が販売店に,一定の領域(独占的販売領域)において独占的販売権を許諾した場合,売主は,独占的販売領域において競争状態を作り出してはならない義務を負うことになる。したがって,独占的販売領域には他に販売店,代理店を置くことは許されない。また,準拠法により解釈が一様ではないが,原則として,売主は,直接に販売領域に契約製品を販売することは領域侵害と解される。上記の売主の義務は,契約書に明文規定を置かなくても,売主の当然の義務とされる。他方,販売店は,独占的販売権を付与されたことで,当然に,売主以外から,競業品,類似品を購入してはならない義務が双務的に生じるものではないことに留意しておかなければならない。

1) 販売領域において他の販売店，代理店を置かない義務

売主の当然の義務として，独占販売領域においては，他の販売店，代理店を設けることができないが，独占販売権許諾による売主の重要な義務として，通常，契約書に明文規定が設けられる。例えば，以下のような英文規定が考えられる。

Seller's Restriction

"Seller shall not appoint any person or entity as distributor or agent other than Distributor in the Territory for distributing, selling the Products covered by this Agreement."

売主の制約

売主は，本契約に含まれる契約製品の販売に関して，販売領域において，販売店以外のいかなる自然人または法人も販売店または代理店に任命しないものとする。

---

2) 領域に直接販売しない義務

販売店に独占的販売権を許諾することで，売主が領域に契約製品を直接販売することが許されないか否かについては解釈が一様ではないので，契約書に販売店以外に直接には販売しない旨の明文規定を設けて，売主の契約上の義務とすることが一般的である。

例えば，以下のような英文規定が考えられる。

Seller's Restriction on direct sale to the Territory

"Seller shall not directly sell any of the Products to any party other than Distributor in the Territory or to any party other than Distributor who Seller has reason to believe will resell the Products in the Territory."

第9章　英文販売店契約書の作成　　77

> 領域への直接販売の売主の制約
> 　売主は販売領域において販売店以外の如何なる当事者に対しても，また，販売領域に製品が転売されると売主が考える販売店以外の当事者に対して，いかなる製品も直接に販売しないものとする。

　上記の制限規定は，売主が直接（directly）に領域への販売を制限しているが，間接的（indirectly）に第三者のルート経由で領域へ契約製品が輸入されることについては制限していない。売主が間接的販売制限義務を負うことは並行輸入阻害の問題が生じる恐れがあるからである。並行輸入業者が販売領域外のルートから真正商品を入手することを妨げるような規定および行為は独占禁止法上違法であることに留意する必要がある。

3）　売主が直接取引できる例外規定

　上記(2)の売主の領域に直接販売しない義務の規定を設けることで，売主は明らかに契約上拘束されることになる。しかし，政府機関などの入札などの場合に売主と政府機関との直接契約となることがある。また，契約製品が組み込まれた機械，プラント設備が第三国から販売領域に輸出されることもある。さらに，契約製品が売主ブランドの付いた製品の場合に，販売領域の第三者から，買主仕様およびブランドのOEM製品の供給の引き合いがあることもある。以上のような状況が発生した場合に，これを実行することで領域侵害の紛争が売主と販売店の間に発生する恐れがあるため，例外的事項として売主の直接取引に関する規定を明記しておくことが望まれる。

　例えば，売主の直接取引の規定として，上記(2)の販売領域への売主の契約製品の直接販売の制限規定の後に，次の規定が置かれる。

> Exceptions
> "Notwithstanding the above mentioned, the following transactions shall not apply to Seller's obligations under the above mentioned:"

i) direct transactions with a governmental authority or its agent on the bit in the Territory.
  ii) transactions of the Products outside the Territory which would be combined into another equipments and be imported into the Territory.
  iii) transactions of the Products on OEM basis according to the buyer's specifications and brand in the Territory.

例　外
上述の規定に関わらず，以下の取引は，上述の規定の売主の義務には適用されない：
  i) 入札に関する政府当局，および代理機関との直接取引
  ii) 契約製品が他の設備に組み込まれて，販売領域に輸入される，販売領域外の取引
  iii) 領域の買主仕様，買主ブランドによるOEMによる製品の取引

4） 領域内の第三者からの引き合いの販売店への売主の転送義務

売主の独占的販売領域の保護および売主の義務の一環として，独占領域の第三者から受領する引き合い，注文などは独占販売店に転送する旨の確認規定が置かれる。例えば，以下のような英文規定が考えられる。

Orders From the Territory
"Seller shall during the term of this Agreement refer all inquiries received by it for sale of the Products in the Territory to Distributor."

領域からの注文
売主は，本契約期間中，領域における契約製品の販売に関して売主が受領するすべての引き合いを販売店に転送するものとする。

5　当事者関係の確認

　販売店と代理店はその法的性格，機能は異なっているが，実務上は明瞭には区別なく使用されている。また，販売店の用語は法的には明確ではないので，売主と販売店の当事者関係を明確にして，販売店の法的地位を確認しておくことは大切である。当事者関係の確認規定は，以下のような英文規定が考えられる。

Relationship between the parties

"The relationship hereby established between Seller and Distributor shall be solely that of vendor and vendee, and Distributor shall act as an independent contractor purchasing from Seller and reselling the Products in its own name and on its own behalf, and shall be in no way the representative or agent of Seller for any purpose whatsoever, and shall have no right or authority to create or assume any obligation or responsibility of any kind, express or implied, in the name of or on behalf of Seller or to bind Seller in any manner."

当事者関係

　本契約により，売主と販売店との間に創設される関係は売主対買主の関係であり，販売店は，契約製品を販売店の自己の名前で，自己のために，売主から購入して，転売する独立した契約者として活動するものとする。販売店は，如何なる目的においても，決して売主の代理人ではなく，また，如何なる方法においても，売主の名前でまたは売主のために，売主を拘束する，明示または黙示の如何なる種類の債務または責任を創設し，もしくは引受ける権限を有しないものとする。

6 販売店の競業避止義務，領域外販売制限

　売主が販売店に対して独占的販売権を許諾することに対して，販売店に課すべき代表的な義務として，競業避止義務，領域外販売制限が挙げられる。これらの義務は，契約書に明文の規定を設けていない限り，販売店を拘束するものではないので，通常，契約書に明文規定が設けられる。

（1）　競業避止義務

　競業避止義務の規定に関して，①契約締結以前に販売店が取り扱っていた競業製品の取り扱いを制限すること，②契約期間中において競業製品の取扱いの制約を販売店に課すこと，③契約期間終了後に販売店が競業製品を取り扱うことを制限することが挙げられる。競業避止義務規定は，通常，契約期間中において販売店が競業製品を取り扱うことを制限，禁止する規定となる。契約締結以前に販売店が既に扱っている競合製品の取扱いを制限，禁止することは独禁法上違法性が強いものとなる。また，契約終了後の競業製品取扱い禁止の規定も，秘密情報やノウハウの流用防止その他の正当な理由がある場合に必要な範囲内で制限する，例えば終了後2〜3年程度の競業避止義務は別として，独禁法上の問題を含む。

　例えば，以下のような競業避止義務の英文規定が考えられる。

> Prohibition of Competitive Products
> "Distributor undertakes during the term of this Agreement not to manufacture or sell in or import into the Territory any goods competitive with the Products and not to be interested directly or indirectly in any such manufacture sale or importation."

競業製品の取り扱い禁止
　販売店は，契約期間中，契約製品と競業する如何なる製品も領域で製造，販売，輸入をしないこと，また，直接または間接に係る製造，販売，輸入に関与しないことを保証する。

（2）　領域外販売制限

　販売店の販売領域を特定することで，販売領域以外の地域への再販売を禁止していると解されるか否かについては，原則として，特約の無い限りは，販売店は販売領域外への販売は制限されていないと解されている。販売店の領域外への販売を制限，禁止したい場合は，契約書に領域外販売の禁止規定が必要となる。尚，領域外販売制限の条項については，規定内容によって独禁法上問題とされることがあることに留意する必要がある。

　領域外販売制限の英文規定としては，以下の規定が考えられる。

Restriction on export outside the Territory
"During the term of this Agreement, Distributor shall not sell the Products outside or export them from the Territory or sell them to any party which Distributor know or has reason to know intends to sell outside or export from the Territory, unless the prior consent of Seller has been obtained."

領域外輸出の制限
　契約期間中，販売店は，売主の事前の合意を取得しない限りは，契約製品の領域外への販売，領域からの輸出をしない，また，領域外への販売，領域からの輸出を意図していることを販売店が承知している，または承知するに十分な理由がある如何なる当事者に対しても契約製品を販売しない

ものとする。

（3） 領域外からの引き合いの売主への転送義務

販売店の領域外販売制限義務の一環として，独占領域外の第三者から受領する引き合い，注文などは売主に転送する旨の確認規定が置かれる。この規定は上記(2)の領域外販売禁止の規定と関連する規定である。例えば，以下のような英文規定が考えられる。

Transfer of orders from Outside the Territory

"Distributor shall during the term of this Agreement refer to Seller all enquiries it receives for the Products for sale outside or export from the Territory."

領域外からの注文の転送

販売店は，本契約期間中，領域における契約製品の販売に関して販売店が受領するすべての引き合いを売主に転送するものとする。

7　販売店契約に基づく個別売買契約

販売店契約に基づき売主から販売店に対して契約製品の供給がなされるが，契約製品の供給に関しては，売主と販売店の間で個別売買契約が締結される。個別売買契約においては，売主と販売店の関係は売主対買主の関係となる。個別売買契約に適用される法律は，国家法，またはウィーン売買条約（以後，CISG）が適用されることになる。CISGは，契約の成立および売主，買主の権利義務が規定されており，個別売買契約の成立，個別売買契約条件に適用され

る。

（1） CISGの下での売買契約の成立

　CISGの下では，申込に対して承諾が申込者に到達したときに契約が成立する。契約の方式は自由であり，コモンローにおいて契約成立の要件とされる約因 (consideration)，また，書面性を要件とする詐欺防止法 (statute of frauds) の適用はされない。申込は撤回ができる（CISG16条1項）とされており，申込は撤回できないとされる日本の民法とは異なる。しかし，申込が一定期間の承諾期限を定めている場合，または撤回ができないことを示している場合には撤回ができない（同16条2項）。

　承諾に関しては，申込に対する承諾は，同意の表示が申込者に到達した時にその効力が生ずると規定している（同18条2項）。日本の民法と異なり，承諾の表示の如何なる通知手段においても到達主義を採用している。

　申込に対する同意を示す相手の言明その他の行為は承諾とするとして，沈黙またはいかなる作為も行わないことは承諾とはならないとしている（18条1項）。日本の商法では，商人間の平常取引での申込に対する沈黙は承諾とされる（商法509条2項）点が異なる。沈黙による承諾による契約成立を考える場合には，申込に対する回答期限を定めて，その期間以内に通知が無い場合は承諾と見做す旨の規定を設ける必要がある。

　申込に対する承諾に追加的なまたは異なる条件が含む場合でも，その条件が申込の内容を実質的に変更しないときは，その相違に相手方が異議を述べない限りは承諾とされる（同19条2項）。追加的または異なる条件でも，代金，支払，物品の品質，数量，引渡し場所もしくは時期，相手方に対する責任の限度または紛争解決に関するものは，申込の内容を実質的に変更するものと見做される（同19条3項）。

(2) 販売店契約に基づく個別売買契約の成立方式

　販売店契約に基づく売主と販売店の間の契約製品の売買は，個別売買契約が締結される。契約成立の方式としては，ファックスやメールを利用して販売店の注文，売主の承諾を確認する方法，または，売主が発行する印刷書式の契約書を利用して個別売買契約の成立を確認する方式がある。いずれの方式を採用するかは当事者の合意によることになるが，販売店の注文を売主が承諾，確認することを契約成立の要件とする規定は大切である。

1) メール利用の個別売買契約

　販売店契約は個別売買契約の基本契約の役割があり，販売店契約書に個別売買契約条件が規定される。販売店契約書の売買条件を詳細に規定される場合，個別売買契約での条件は，例えば，製品の型式および数量，引渡および包装条件等簡単な内容にして，ファックスやメールの交換により個別売買契約の成立を確認する方式が採られる。以下に，販売店の注文に対し売主がそれを承諾または拒絶するかの確認を条件とした規定を示す。

Ordering

"Distributor shall place orders for the Products with Seller setting forth the quantity and type of the Products, delivery instructions and package instructions by e-mail. Seller, after its acceptance of such order, shall sell the Products to Distributor for resale in the Territory. Seller shall notify Distributor of its acceptance or rejection of such purchase order, and in the event of rejection, the reason therefor."

発　　注

　販売店は製品の型式および数量，引渡および包装の指図を記述した製品の注文を電子メールによって売主に行うものとする。売主はかかる注文の

承諾後に，領域で転売される製品を販売店に販売するものとする。売主は，かかる購入注文の承諾または拒絶を販売店に通知し，拒絶する場合はその理由を添えるものとする。

2） 印刷書式利用の個別売買契約

　個別売買契約の成立の確認に，売主が備える印刷書式を使用する場合がある（巻末のSales Confirmationを参照）。販売店契約に基づく個別売買契約に裏面条項を含む印刷書式を使用する場合，個別売買契約で使用する印刷書式について，基本契約の一部として販売店契約書に添付して，裏面条項を含む内容を契約当事者が十分に認識している旨の確認規定を設けるべきである。また，裏面約款の使用言語は販売店契約書の使用言語と合わせておくべきである。中国やロシアとの取引等では取引で実際に使用している言語が中国語，ロシア語であるのに，印刷書式，裏面約款が英語で作成されていることがあるが，使用言語の相違から，裏面約款を認識することができないという理由で，裏面約款の条件が契約条件として認められないという言語のリスクに留意しておくべきである。印刷書式を利用する場合には，次のような英文規定が考えられる。

Individual Sales Contract

"Each individual sales contract between Seller and Distributor shall be subject to this Agreement and such individual sales contract shall be made and confirmed by "Sales Confirmation" issued by Seller which form is attached as exhibit A to this Agreement."

個別売買契約

　売主と販売店の間の個別の各売買契約は本契約を条件とし，かかる個別売買契約は売主が発行する附則Aとして本契約に添付されるフォームである売買確認書により為され且確認されるものとする。

（3） 個別売買契約の基本契約の規定，個別売買契約の特約と印刷書式の条件の解釈優先順位

個別売買契約の主要な条件は，通常，販売店契約に規定が設けられる。どのような条件が規定されるかは，ケースにより異なるが，一般的には，①契約製品の価格と契約期間中の価格の修正，変更についての規定，②引き渡し条件およびインコタームズの採用規定，③決済通貨および決済条件の規定，④物品の危険および所有権移転に関する規定，⑤製品保証規定，⑥製造物責任規定などがある。販売店契約に規定される上述の条件と個別売買契約で合意される特約，また印刷書式を使用する場合は，その印刷された条件との間に解釈上の相違が発生した場合，いずれの条件が優先するかが問題となる。以下は各種条件の解釈上の優先度を規定した英文条項例である。

Scope of Agreement

"This Agreement incorporates any Special Conditions of each individual contract, Printed Terms of each individual contract and Terms of this Agreement, In the event of conflict between them, the terms and conditions shall prevail over the others in the following order to the extent of any conflict between them:"

(1) Special Conditions of each individual contract
(2) Terms of this Agreement
(3) Printed Terms of each individual contract

契約の範囲

本契約は各個別契約の特約条件，各個別契約の印刷条件，本契約条件を組入，併合するものである。それらの条件に衝突がある場合，条件の衝突の範囲において，その条件は他の条件に対して以下の順序で優先するものとする：

(1) 各個別契約の特約条件
(2) 本契約条件
(3) 各個別契約の印刷条件

（4） 販売店の注文に対する売主の承諾義務

　独占的販売店は，通常，競業する製品の取り扱い制限を受け，契約製品の供給は売主に限られるので，売主は販売店に対して製品供給義務があると一般的に解される。しかしながら，売主は，販売店の如何なる注文に対しても承諾して製品を供給しなければならないのか否かが問題となる。

　事例4：売主である日本のA社は，カナダの販売店であるB社から，突然に，大量注文を受けたが，A社の生産能力を超える量であり，納期通りには供給する見通しが立たなかった。そのような状況から，A社は仕方なくB社の注文を拒絶したが，B社から，販売店契約に基づく製品発注であり，A社は注文を受諾，供給する義務があると主張してきたため，注文に対する受諾義務を巡ってトラブルとなった。

　事例4のように，販売店の注文に対して，生産が追いつかず，販売店の注文を承諾はできない状況が発生することがある。また，売主が製品の一部のモデルチェンジ，改良等，また生産を中止している場合，販売店の注文を受けることができない状況が発生することがある。このような状況下での注文に対する売主の承諾義務の有無が，トラブルの原因となることがある。そのようなトラブルを予防するための事前の対策を講じておく必要がある。対策としては，以下の事項が考えられる。

① 個別売買契約の成立において，販売店の注文に対しては，売主の承諾または拒絶の確認を条件とする規定を設ける（本節「(2)販売店契約に基づく個別売買契約の成立方式」を参照）。

② 売り主の生産計画に対応させるために，販売店に四半期毎の発注量の予測の報告義務を課す規定を設ける。

例えば、以下の英文規定が考えられる。

Forecast of Order

"Distributor shall provide Seller quarterly of each year with a proposal of the forecast of its anticipated order quantities for the Products for the next quarter until the end of each quarter period. The parties shall discuss on the said forecast and agree on them for the said next quarter."

注文の予測

販売店は、各年の四半期毎に、各四半期終了までに、次の四半期に見込まれる製品の注文の数量の予測の要求を売主に提供するものとする。当事者はかかる予測に関して協議し、次の四半期の注文量の予測に合意するものとする。

---

③ 販売店の合理的数量の注文に対して努力義務に留める規定を設ける。

例えば、以下の英文規定が考えられる。

Supply of the Products

"Seller shall use its efforts to supply the Products in accordance with the orders for their reasonable quantities by Distributor."

契約製品の供給

売主は販売店の合理的な数量の注文に従い契約製品を供給する努力をするものとする。

---

④ 契約製品のモデルチェンジや生産中止の状況が発生する場合の対応する規定を設ける。

例えば、契約製品の加除の特約を設ける（本章「4 -(1)- 1」契約製品」を参照）。または、以下のような英文規定も考えられる。

> Discontinuance or Change of Products
> "The Seller may discontinue production and/or sale of the Products or change their model and/or specifications, and shall not be liable for such discontinue and/or change."
>
> 製品の中止または変更
> 売主は，製品の生産およびまたは販売を中止するか，または契約製品のモデルおよびまたは仕様を変更することができ，かかる中止，変更に対しては責任を負わないものとする。

8　価　格　条　件

　販売店契約では，製品の価格は，通常，建値の通貨と貿易条件が特定され，売主が発行し，販売店契約書に添付される価格表によることが多い。価格条項は以下の英文規定が考えられる。

> Prices
> "The price of the Products shall be based on CIP (Incoterms 2010), (named place of destination) in US Dollar Currency and as set forth in the Price List attached hereto as Schedule _ and made a part of this Agreement."
>
> 価　　格
> 製品の価格は，米ドル通貨で，インコタームズ2010によるCIPを条件とし，

> 本契約に添付され，本契約の一部である，付表＿の価格表に記載されるものとする。

　価格表の価格は，為替相場や物価の動向に伴い，将来において変更が必要となることがあるので，価格表価格の変更を考慮する必要がある。変更の方式としては，売主から販売店に対する事前の通告による変更，または，売主と販売店の相互協議による変更の方法が採られる。価格の変更条項は以下の英文規定が考えられる。

> 【価格の変更その１：事前通告による変更の英文条項】
>
> Change of Prices
> 　"Seller shall notify Distributor of any change in the price stated in the Price List at least 90 days prior to effective date of changing price."
>
> 価格の変更
> 　売主は，価格表に記載される価格の如何なる変更も，販売店に対して価格の変更の発効日から少なくとも90日の事前の通告を為すものとする。

> 【価格の変更その２：売主と販売店の協議による変更の英文条項】
>
> Change of Prices
> 　"When Seller needs to change the Price List, Seller shall notify Distributor of its intention to negotiate with Distributor for changing price. A new price of the Products shall be determined by Seller based upon mutual negotiations, and shall become effective 30 days after Seller giving Distributor notice of its changing price."
>
> 価格の変更
> 　売主は価格表の変更を必要とする場合は，価格変更に関して販売店と協議する意図があることを通知しなければならない。製品の新価格は相互の

協議に基づき売主により決定されるものとし，売主が販売店に価格変更の通知後30日に発効する。

　尚，販売店契約では，売主が，販売領域において販売店が顧客に製品を販売する再販売価格を指定したり，または再販売価格の決定に関して販売店を拘束することがあるが，そのような行為および契約書の条項規定は，独占禁止法上違法性が高い行為，規定となることに留意しなければならない。

9　引渡し条件

　貿易取引では，通常，引渡し条件にFOB（本船渡し条件），FCA（運送人渡し条件），CIF（運賃，保険料込み条件）CIP（輸送費，保険料込み条件）など定型貿易条件が使用される。定型貿易条件の国際統一規則として国際商業会議所（International Chamber of Commerce: ICC）が策定したインコタームズ（INCOTERMS）は広く知られた慣習として利用されている。インコタームズ2010規則は物品の引渡しに関連して，当事者の費用負担，物品の引渡し場所，危険の移転，当事者の権利，義務等が詳細に規定されており，EXW（工場渡し条件）からDDP（関税込み，持込み渡し条件）までの11の形態の定型貿易条件が規定されている。インコタームズは1936年に策定されて以後，随時改定がされており，現在は2010年版インコタームズ（Incoterms2010）が利用されている。
　CISGの下では，当事者間で合意した慣習，および当事者間で確立した慣行に拘束される（同9条1項）とされる。また，合意が無い場合でも，当事者双方が認識している，国際取引に関係している，関係する特定の分野において同種の者に広く知られ，かつ遵守されているものが，黙示的に当事者間の契約または成立に適用される（同9条2項）。インコタームズが慣習法として採用された場合は，CISGの物品の引渡し（同31条），危険の移転（同67条）の規定に

優先して適用されることになる。

　当事者間で合意した慣習としてインコタームズを採用するための合意としては，通常，契約書にインコタームズ採用の規定が設けられる。また，貿易条件の表示に，例えば，CIP (Incoterms2010) New Yorkと表示する。

　以下に引渡し条件として定型貿易条件を特定し，インコタームズの採用合意する英文規定を示す。

Delivery and Incoterms

"The terms of delivery shall be based on CIP, (Incoterms 2010, (named place of destination).

The trade terms such as CIF, FOB, CIP, FCA etc. shall be construed under the INCOTERMS 2010."

引渡し条件とインコタームズ

引渡し条件はCIP（インコタームズ2010）（仕向地記名）条件とする。CIF, FOB, CIP, FCA等の定型貿易条件は，2010年版インコタームズにより解釈されるものとする。

10　支払い条件

　貿易代金決済は，通常，銀行を仲介として決済が行われる。その方式には，①銀行経由による送金決済，②荷為替手形決済，③荷為替信用状決済がある。代金決済における与信，および代金回収リスク等を検討したうえで決済条件を取り決めることが大切である。また，代金回収リスクの高い決済を選択する場合は，貿易保険，国際ファクタリング，または，親会社や銀行等から保証状（Letter of Guarantee），またはスタンドバイ・クレディット（Standby Credit）

を取り付けることなどを検討すべきである。

　送金決済では，代金を前払いする方式，船積書類等を受領した後に支払う方式，また，掛売り方式（例えば，毎月10日〆の翌月末払い）が用いられている。

　以下に支払い条件の英文規定を示す。

---【支払い条件その１：後払い方式（商業送り状（Commercial Invoice）受領後の一定期間に支払う方式）】---

Payment

"All payments for the Products shall be made by Distributor by means of electric remittance to the bank account of Seller in ＿＿ Currency within ＿＿ days after the date of the relative commercial invoices."

支　払　い

製品の代金支払いは販売店により，当該商業送り状の日付けより＿＿日以内に＿＿通貨で，売主の銀行口座に電信送金でなされるものとする。

---【支払い条件その２：掛売り方式】---

Payment

"All payments for the Products shall be made by Distributor by means of electric remittance to the bank account of Seller in ＿＿ Currency within the end of next month after sum up invoices at every 10th day in a month."

支　払　い

製品の代金支払いは販売店により，＿＿通貨で，毎月の10日〆の翌月末払いで，売主の銀行口座に電信送金でなされるのものとする。

---【支払い条件その３：荷為替信用状決済による支払い方式】---

Payment

"The payment for the Products shall be, unless otherwise agreed, made in ＿＿＿＿＿ Currency by means of an irrevocable documentary letter of credit available against Seller's draft at sight to be opened by Distributor through a prime bank satisfactory to Seller within ＿＿＿＿ days after conclusion of each individual contract."

支　払　い

　製品の支払いは，他に合意無き限りは，＿＿＿通貨で，個別契約締結後＿＿＿＿日以内に売主が満足のいく一流の銀行を通じて販売店により開設される，売主振り出しの一覧払い手形に対応する取消不能荷為替信用状によりなされるものとする。

11　物品の危険と所有権の移転

（1）　危険の移転

　物品の滅失毀損の危険の移転については，CISGおよびインコタームズ双方に規定がある。CISGでは66条～69条に危険の移転の規律が設けられている。同66条では，「買主は，危険が自己に移転した後に生じた物品の滅失又は損傷により，代金を支払う義務を免れない」と規定している。物品の滅失，毀損の危険は何時買主に移転するかについては，同67条で，「売買契約が物品の運送を伴う場合は，売主が特定の場所において物品を交付する義務を負わないときは，危険は当該物品を最初の運送人に交付したときに移転する」としている。

　国際物品売買では，通常，CIFやFOBなどの定型貿易条件を使用するが，使用する定型貿易条件により物品を交付する異なる場所が特定されることが慣習

化している。したがって，貿易条件を使用し，かつ，インコタームズの採用を特約することで，同9条に従い，合意された慣習としてインコタームズが採用され，危険の移転についてはインコタームズに従うことになる。インコタームズ2010規則では11の定型貿易条件の物品の滅失毀損の危険の移転場所が明確に特定されている。例えば，FOB, CIFの危険の移転は輸出港本船上の船側欄干を物品が通過した時点で，物品の危険は売主から買主に移転する。物品の運送をコンテナ船，飛行機による場合は，FCA, CIPとなるが，その場合は，最初の運送人に物品を引き渡した時点に移転する。

契約実務では，危険の移転については，使用される定型貿易条件に対応した危険の移転条項が規定される。

以下に下記のCIPの場合の危険の移転の英文規定を示す。

<u>Passing of Risk</u>

"The risk of loss and damages of the Products shall pass to Distributor when the Products are handed over to the first carrier for transmission to Distributor."

<u>危険の移転</u>

物品の滅失毀損の危険は製品が販売店に送付するために物品を最初の運送人に引き渡した時に販売店に移転する。

---

(2) 所有権の移転

物品の所有権の移転に関する規律については，CISGおよびインコタームズには規定されていないので，国際私法ルールに従い国家法によることになる。物品の所有権の移転は物権に関する準拠法の問題となるが，日本の国際私法である「法の適用に関する通則法」（以後，通則法）では，動産または不動産に関する物権は，その目的物の所在地法によるとされる（通則法3条2項）。また，

日本の民法では，物権の設定および移転は，当事者の意思表示によってその効力が生ずるとされる（民法176条）。国際物品売買契約の対象は，通常，不特定物であるが，不特定物の売買においては，原則として目的物が特定したときに所有権は買主に移転すると解されている（最判，昭和35年6月24日）。国際物品売買契約では，運送品の所有権を裏書きにより移転させることができる有価証券である船荷証券を用いた荷為替取引が行われることがあるが，物品の所有権は，原則，船荷証券を含む荷為替手形が引き渡された時点で売主から買主に移転すると解釈される。

契約実務では，所有権の移転については，通常，代金の支払いがされるまでは物品の所有権を留保する規定が契約書に設けられる。

以下に所有権の移転の英文規定を示す。

Passing of Title

"The title of the goods shall not pass from Seller to Distributor until the price of the goods has been completely paid to Seller by Distributor in the full amount of the price."

所有権の移転

物品の代金の全額が販売店から売主に支払われるまでは，物品の所有権は売主から販売店に移転しないものとする。

12　販売店の販売促進および販売に関連する規定

（1）　販売店の販売促進，広告宣伝

契約製品の販売促進および宣伝に関する規定として，一般的には，販売店の

設備，人材の維持，販売の促進努力，契約製品の宣伝，広告に関する規定が設けられる。

販売店の設備維持および販売促進に関する英文条項規定を以下に示す。

Sales Facilities and Sales Promotion

"Distributor shall at its cost establish and maintain an adequate business office equipped with a reasonably necessary office equipment and personnel for promoting the sale of the Products in the Territory, and use its best efforts to solicit business and promote the sale of the Products in the Territory."

販売施設および販売促進

販売店は，自己の費用で，領域において製品の販売促進に合理的に必要とされる事務設備および従業員を備えた適当な営業所を創設し，維持するものとし，また，領域において製品の取引を勧誘し，販売の促進に最大の努力を行使するものとする。

販売店の宣伝広告，見本市等の参加に関する英文条項を以下に示す。

Advertisement

"Distributor shall advertise the Products throughout the Territory in appropriate advertising media and in a manner insuring proper and adequate publicity for the Products, and also participate in trade fairs and exhibitions to market the Products in the Territory."

広告，宣伝

販売店は，領域全域で，適切な宣伝媒体で，適当，適切な製品広告の方法で製品の宣伝を行い，また，領域で製品を販売するための見本市や博覧会に参加するものとする。

（2） 販売店の広告，宣伝に対する売主の監督，監視

販売店が契約製品の販売促進，広告宣伝を販売領域で行うことについて，一定範囲の監視，監督が必要な場合もある。特に，売主の商標を付した商品を海外市場で展開する場合に，商標の評価，評判を維持するうえで大切である。

事例 5：北米の販売店 A 社は，契約製品の宣伝用パンフレットを日本の売主 B 社から了解をとることなく，無断で作成し，そのパンフレットを他の会社 X 社が販売する製品のパッケージの中に関連商品として宣伝のためのパンフレットを挿入していた。そのパンフレットの記述が，契約製品の耐久性や品質表示などに関して説明，表示が不適切であったために，X 社から直接に売主 B 社に対して，不適切な表示，品質保証を指摘されて，改善要請の苦情が届いた。

事例 5 のような，販売店の過度な宣伝，不適切な宣伝，広告が売主の商標，契約製品の評価，価値のダメージを与えることもあるので売主が一定の範囲監督できる規定は重要となる。

監督，監視に関する英文規定を以下に示す。

<u>Sales and Marketing Policy</u>

"Distributor shall conform to the general sales and marketing policies of Seller and Seller reserve the right to issue directions from time to time to Distributor to ensure such conformity. All advertisements point of sale promotion merchandising and publicity materials for the Products issued by Distributor shall be subject before issue to the prior approval of Seller."

<u>販 売 政 策</u>

販売店は，売主の全般的な販売，マーケティング政策に従うものとする，また，売主は，かかる遵守を確証するために，随時販売店に指示を出す権利を有する。販売店が行う全ての販売促進，マーチャンダイジング，およ

び契約製品の材料は宣伝を行う前に売主の事前の承諾を条件とする。

13　販売店の売主に対する誠実，努力義務，法令遵守義務

（1）　販売店の誠実，努力義務

　販売店契約に基づき販売店に売主に対する誠実，努力義務を負わせる一般的な規定が設けられることがある。販売店の販売実績や販売努力が十分でないことが，誠実，努力義務違反として契約解除の直接的な原因になるとは考えられないが，売主が販売店に対して販売努力をさせるための材料として効果的な条項としての役割がある。誠実，努力義務規定は以下の通りである。

Duty in Good Faith
"Distributor shall during the term of this Agreement diligently and faithfully serve Seller as its distributor in the Territory and shall use its best efforts to improve the goodwill of Seller and to further increase the sale of the Products in the Territory."

誠 実 義 務
　本契約期間中，販売店は，販売領域の販売店として誠実かつ忠実に売主の為に努め，売主の暖簾の価値を高め，さらに，領域において製品の販売を促進するため最善を尽くすものとする。

（2） 販売店の法令遵守義務

販売店が領域において販売する契約製品は，その種類により，その国，地域の法令等により一定の規制が存在することは少なからずある。各国に存在するそのような規制は随時改正され，また新たに法規制が出される時もある。その法令を遵守した営業，販売活動を為さないと，その責任は販売店のみならず売主まで及んでくることがある。契約に明文規定を設けることで，領域における法規制等の遵守義務を販売店に負わせることが望まれる。

販売店の法令遵守義務規定を以下に示す。

Duty in Compliance

"Distributor shall ensure that it conforms with all legislation rules, regulations and statutory requirements existing in the Territory from time to time in relation to the Products."

法令遵守義務

販売店は，製品に関連して，領域において随時存在する全ての法令，規則および法定上の命令に遵守することを確約する。

---

14 販売店の活動報告，適正在庫の保有とアフターサービス

契約製品のアフターサービス，修理，修繕は販売店が領域における対顧客サービスに繋がる重要な項目でもある。在庫保有およびアフターサービスは販売店の当然の義務ではないので，契約書に明文規定を設けて販売店の義務としておくことが大切である。

(1) 適正在庫の保有，在庫報告

　売店契約の特質の1つに，売主から購入した契約製品の在庫を保有することが挙げられる。領域の顧客に対するサービスの一環として，顧客の契約製品の注文に対する適切，迅速な供給体制を備えるうえで，販売店が契約製品の適正在庫を保有しておくことは大切である。一方，販売店が過剰に在庫を保有することによる弊害もある。

　事例6：米国の販売店A社は日本の食品メーカーであるB社から，コンテナベースで大量に購入していた。しかし，経済不況の時代に入り，A社の契約製品の売り上げが激減していったために，販売店契約の解約問題が発生した。解約に関連して，A社の契約製品の在庫の棚卸作業の時に問題が発覚した。在庫品が食品関係の製品であり，夏，冬を越えての在庫期間中に品質が劣化してしまっており商品価値が喪失していることが判明し，商品価値の無くなった在庫品を巡りトラブルが発生したのである。

　事例7：日本の機械工具メーカーA社は，ドイツのB社との間に独占的販売店契約が締結された。契約書には，契約終了に伴う売主の在庫品引取義務規定が挿入されていた。販売店契約の解約を巡る交渉において，販売店からの契約終了時点の在庫品引取の請求に基づき在庫品の棚卸をしたところ大量の在庫が残されていたことが判明した。契約書にはA社の在庫品引取義務規定があるために，契約終了に伴う大量の在庫品の引取という難問が発生した。

　事例6，7のようなトラブルの予防的事前対策としては，終了時の在庫品の引取り，処分の規定も重要であるが，他方，普段の在庫の確認と調整により，上述のような極端な問題は予防できたケースでもある。在庫状況の報告義務は重要な規定である。条項の規定としては，在庫保有義務と共に在庫報告義務を規定する方法，また，販売活動報告とともに在庫報告の義務規定を設ける方法もある。

　在庫保有義務，在庫報告義務を設けた英文条項規定を以下に示す。

> Maintaining Stocks
>
> "Distributor shall at all times during the term of this Agreement carry at least Two(2)months stock of the Products so that all orders received by Distributor in the Territory can be supplied without undue delay. Distributor shall supply Seller with such reports as to stock levels and movements as Seller may from time to time request to Distributor."
>
> 在庫の保持
>
> 販売店は，本契約期間中，販売店が領域において受けた全ての注文が遅滞なく供給できるように少なくとも2カ月の製品在庫を常時保持するものとする。販売店は売主が販売店に随時要求する在庫水準および在庫動向に関する報告を売主に提供するものとする。

（2） 顧客へのアフターサービス

対象となる契約製品の種類により異なるが，契約製品のアフターサービス，補修サービス体制を備えることは領域の顧客サービスの一環として重要である。これらのサービスは，通常，①売主が直接行う，②補修サービスの専門業者に委託する，③販売店に補修，サービスを委託する方法がある。販売店に補修，サービスを委託する場合は，販売店の費用負担で行うのか，または販売店にサービス委託の費用を支払うのか取り決めておく必要がある。

販売店に自己費用での補修，サービスを義務づける英文規定は以下の通りである。

> After the Sale Services
>
> "Distributor shall effect repairs to and the replacement of all faulty products whether or not they were sold by Distributor, as its own charge,

so as to satisfy customers in all circumstances and shall also make goods the warranties given by Seller. For prompt servicing Distributor shall maintain an inventory of components, accessories and other parts."

アフターサービス

販売店は，あらゆる状況において顧客を満足させるために，自己の費用で，販売店が販売したか否かを問わず瑕疵のある製品の修理，交換を行い，また売主が与えた製品の保証を為すものとする。迅速なサービスのために，販売店は構成部品，付属品および他の部品の在庫を保持するものとする。

販売店が契約製品の補修，アフターサービスを行うためには，売主が備えるサービスマニュアル，取扱い説明書等，また補修部品等を販売店に供給することが必要となる。

販売店に対して補修，サービスに必要な説明書，技術情報を提供する英文規定は以下の通りである。

Supply of Manual

"Seller shall provide Distributor with Service and Repair Manual and other technical data so as to inspect, repair and service the Products in the Territory."

マニュアルの提供

売主は領域において製品の検査，修理，サービスを行うためのサービスマニュアル，修理マニュアルおよび他の技術資料を販売店に提供するものとする。

(3) 販売活動報告

　販売店は代理店と異なり法律上の報告義務を負わない。極端な例としては，契約期間中，契約製品の注文を受けるだけで，販売店の販売活動，在庫の報告を一切受けないままに契約終了となったケースもある。領域における契約製品の市場開発，販売促進を考えると，また，販売店の領域での販売活動および市況，経済状況をチェックするうえで，契約書に明文規定を設けて販売店に販売活動の報告義務を負わせることは大切である。報告の時期については，月間報告または四半期毎の報告義務が一般的である。また，報告事項については，売主が必要とされる事項を含んだ報告書フォームを作成して，そのフォームに従った報告を求めることもある。

【販売活動報告その１：売主作成のフォームを使用する月間報告義務】

Report of Sales Activities

"Distributor shall send to Seller by the fifteenth day following the end of each month during the term of this Agreement a report of stocks held and sales made of the Products in the Territory during that month, together with such other marketing and other information in relation to the operation of this Agreement as Seller may reasonably require. Forms of these reports will be supplied by Seller."

販売活動報告

　販売店は，本契約期間中各月の末日から15日までに，その月に領域で保有されている，また為された販売の報告を，売主が合理的に要求する，本契約の実施に関連したマーケティング情報および他の情報と一緒に売主に送付するものとする。これらの報告書フォームは売主により提供される。

　上述の月刊報告義務は販売店には厳し過ぎる向きもある。そのような場合には，四半期毎の報告義務を販売店に負わす規定が一般的である。

―【販売活動その2：四半期毎の一般的な報告義務】――――――

Sales Activities

"Distributor shall send to Seller quarterly a report of sales made of the Products in the Territory during that quarter together with such other marketing and other information in relation to the operation of the Agreement as Seller may reasonably require."

販 売 活 動

販売店は，四半期毎に，かかる四半期の領域において製品の販売の報告を売主が合理的に要求する本契約の実施に関連する他のマーケティング情報および他の情報を売主に送付するものとする。

15　販売店の契約製品の最低購入保証

　独占的販売店契約では，通常，売主は領域においては販売店を通じて以外には販売活動ができない。販売店の販売活動が消極的で，販売実績も上がらない場合に，契約を解除するか，独占的販売権を非独占販売権に変更させない限りは売主が領域に直接販売できないことになる。したがって，独占的販売店契約では，売主にとり，自己の利益保護のために，最低購入保証規定は非常に重要な規定となる。

　最低購入保証規定では，数量または金額の決定，基準の期間，最低購入量を達成しない場合の措置などが取り決められる。

　規定上注意しなければいけないのは，努力規定（efforts clause）と保証規定（guarantee clause）は法律上の効果が微妙に相違することである。売主側の観点からは，保証規定または義務規定が望まれる。例えば，"Distributor shall purchase the Products ……"（販売店は製品を購入する義務がある）または

"Distributor guarantee to purchase the Products"（販売店は製品の購入を保証する）の表現を採用する場合，販売店の購入額（量）が最低購入額（量）に達しない場合は，明確な契約違反となる。一方 "make reasonable efforts ……"（合理的な努力を払う）または "Distributor make best efforts ……"（最善の努力を払う）の表現を採用する場合，販売店の販売額（量）が最低購入額（量）に達しない場合に，直接的な契約違反とはならずに，販売店の努力の程度が問題となる。また，"reasonable efforts" と "best efforts" の表現は要求される努力の程度も相違することを考慮に入れて規定する必要がある。"best efforts" は "reasonable efforts" よりもより高い程度の努力を要求していると解される。"best efforts" はあらゆる手段を講じて最善を尽くすことを要求されていると解すべきである。一方，"reasonable efforts" は合理的と思われる程度の手段を講じて販売努力することを要求されていると解すべきである。

契約製品の最低購入保証の英文条項規定を以下に示す。

<u>Minimum Sales Gurantee</u>

"Distributor shall guarantee to purchase the Products from Seller in a minimum quantity for each calendar year period as follows:

ⅰ）　The first calendar year period:　　not less than _____
ⅱ）　The second calendar year period:　not less than _____
・
・

In the event that Distributor fails to purchase the minim quantity of the Products as set forth above , Distributor shall be regarded as material breach of this Agreement and Seller may, at its sole discretion, terminate this Agreement or change the exclusive selling right to non-exclusive selling right by giving the written notice to Distributor."

最低購入保証

販売店は，各暦年中，以下の最低量の製品を売主から購入することを保証する：

 ⅰ）　初歴年度：＿＿＿＿＿＿＿＿＿＿以上
 ⅱ）　第二年度：＿＿＿＿＿＿＿＿＿＿以上
　　　　　　　・
　　　　　　　・

販売店が上述に規定する最低数量の製品を購入することができない場合，販売店は本契約の重要なる契約違反としてみなされる，そして，売主は，自己の選択で，販売店に書面の通知を与えることにより，本契約を解除するか，または独占的販売権を非独占的販売権に変更することができる。

16　契約製品の保証

　国際商品売買契約の品質保証は，遠く離れた海外向けに船積みされた商品が対象となり，海外市場での製品が置かれる環境，状況が国内市場とは異なり，国内売買契約と比較すると，製品の品質上のクレームが発生するリスクはより高い。また，クレームが発生すると，それを解決するのに要する時間，労力，コストも大きくなるので，製品の品質保証の対応は慎重に検討しなければならない。

　製品の品質上の瑕疵に対する法律上の救済は，日本の民法では，債務不履行責任と瑕疵担保責任により解決される。CISGは，同35条（物品の適合性）に規定があり，製品の品質保証責任は同条により一元的に処理される。

　英文国際契約書に設けられている保証条項の多くは，明示保証（express warranty），黙示保証（implied warranty）の用語を使用しているが，米国の「統一商法典」（Uniform Commercial Code: UCC）では，明示保証（express warranty），黙示保証（implied warranty）の規定があり[1]，明示保証，黙示保証の用語は国際取引実務家に親しまれている。米国統一商法典に基づく保証（warranty）と同35条の製品適合性（conformity of the goods）を比較すると，使用される用語は異なっているが，その内容は類似しており，実質的には殆ど同様である。同35条1項は，「売主は，契約で定める数量，品質及び種類に適合し，かつ契約で定める方法で収納された物品を引き渡さなければならない」と規定している。UCCの明示保証に相当する。同2項では，「当事者が別段の合意をした場合を除き，物品は次の要件を満たさない限り，契約に適合しないものとされる」旨規定されており，a）項からd）項までの要件が次のように規定されている。a）同種の物品が通常の使用の目的に適したもの，およびb）契約締結時に売主に明示，黙示的に知らされた特定の目的に適したものとする旨の規定はUCCの黙示保証に該当する。また，c）売主が買主に示した見本または雛型と同品質のものであることとする旨の規定はUCCの明示保証に該当する。d）通常の方法，またはその方法がない場合には，物品の保護，保存に適した方法により，収納または包装されていることとする旨の規定は，UCC2－314条2項(e)に同様の規定が置かれている。

　CISG35条(2)では，UCCでの黙示保証に相当する商品性（merchantability），特定目的の適合性（fitness for particular purpose）などの保証も含み要件を満たしていない限り契約に適合していないものとされるが，「当事者が別段の合意をした場合を除き」とされており，当事者特約により制限，排除ができる。契約書に規定される保証条項では，売主の立場から，黙示保証などを排除する保証制限規定が通常設けられる。契約書に規定する品質保証条項を検討すると，その基本的骨子は以下の通りである。
　①　保証の範囲の特定。何を保証し，何を保証しないかを明確にする。
　②　保証期間の特定。何時からどれだけの期間保証されるのかを明確にする。
　③　瑕疵製品の保証請求の手続方法の基準を明確にする。
　④　保証に基づく救済方法，範囲を明確にする。
　⑤　保証の制限，および免責条項を規定する。

（1） 保証内容の特定

　保証の内容は，契約書に明示的に規定して限定することが大切である。通常は，製造，材質において欠陥がないこと,契約書で示される品質に合致することを保証する旨の規定となる。保証の具体的内容については，仕様書等を含めて付属書等に別途作成されることがある。

　保証内容を特定した英文規定としては，以下の規定が考えられる。

Warranty

"Seller warrants that the Products shall be free from defects in material, workmanship and shall be of kind and quality as specified or designated by Seller in this Agreement."

保　　証

　売主は，製品が材質およびでき映えにおいて欠陥がなく，本契約で売主により明示され，または指定された種類および品質であるものとする。

　上記の規定のように，保証範囲を特定したうえで，黙示保証である商品性，特定目的の適合性の保証を排除する保証制限規定が設けられる。商品性および特定目的の適合性の排除をすることは，将来に発生するかもしれない買主からの製品瑕疵のクレームの範囲，根拠を限定，狭くすることを目的とするものであり，売主に取り非常に重要な規定である。

　機械，設備等の保証に関しては，不適切な使用等により製品の不具合が発生するケースもあり，そこから品質保証責任問題生じることもある。不適切な使用等による欠陥について保証の対象外であるとする免責規定を設けておくべきである。

　免責規定としては，以下の英文規定が考えられる。

> Exemption
>
> "Seller's obligation under this warranty shall not apply to any Products, or part thereof, which (1) is improper use, installation, operation or maintenance of the Products by Distributor, or (2) is operation of the Products outside the Specifications, or (3) is erosion or corrosion, or (4) is normal wear and tear, or (5) is any consumable parts of the Products."
>
> 免　責
>
> 本保証に基づく売主の保証は，(1) 販売店による製品の不適切な使用，据え付け，操作または維持 (2) 仕様書外の製品の操作，(3) 腐食または消耗，(4) 通常の裂け，摩耗，(5) 製品の部品の消耗による製品または如何なる部分にも適用はないものとする。

（2）　保証期間の特定

　保証期間に関しては，契約書により短い保証期間を規定していない場合は，CISGの下では，買主は，物品の不適合を発見し，または発見すべきであった時から合理的な期間内に不適合の通知をしなければならず（同39条1項），まだいかなる場合にも，物品交付の日から2年以内に売主に通知をしなければならない（同39条2項）。売主の立場から，CISGの下での2年の期間を当事者間の合意でより短い期間に設定しておくべきである。

　契約書に規定する保証期間は，何時から保証が開始されるのかを特定することが大切である。物品を船積した日から開始するのか，物品が陸揚港へ到着してから開始するのか，物品が機械等の場合は機械が稼働した日から開始するのか，また，物品が顧客に引き渡された日等が考えられるが，保証期間が同じ期間でも，その始期が，船積日（the date of shipment）と機械の稼働日（the date of starting the operation of machineries），または顧客への引渡日（the date of delivery of the Products to the customers）の間には相当なタイムラグがあるので注意して規定しなければならない。

　保証期間の規定としては，船積日を保証期間の始期として一定の期間を定めることが多い。

　保証期間の英文条項規定を以下に示す。

Period of Warranty

"The period of warranty shall exist for twelve 12 months from the date of shipment of the Products at the boarding port."

保　証　期　間

保証期間は船積み港で物品が船積みされた日より12カ月間存続する。

（3）　瑕疵製品のクレーム通知

　販売店が受領した物品に瑕疵がみつかった場合，売主に対するクレーム通知の方法について規定が通常設けられる。一般的には一定の期限内に，瑕疵の内容を特定した通知を要求する規定となる。

　欠陥通知の英文条項規定を以下に示す。

Notice of Defective Products

"If Distributor should find any defects or non-conformity in the Products at any time during the Warranty Period, Distributor shall give notice in writing thereof to Seller specifying the nature of the defects or the lack of conformity of the Products within thirty 30 days of such occurrence."

欠陥製品の通知

販売店が保証期間中のいかなる時も製品の欠陥，不適合を発見した場合は，

販売店は，その発見より30日以内に，その欠陥，不適合の性質を特定した通知を書面で売主に与えるものとする。

（4） 救 済 方 法

瑕疵製品に対する売主の販売店に対する救済に関しては，売主は瑕疵製品の修理または交換が一般的である。交換部品の送付に要する運送費や取り換えの費用はいずれの当事者の負担となるのかも考慮しておく必要がある。買主負担とするなら，EXWまたはFOB，FCA渡しということになる。

救済方法の英文条項規定を以下に示す。

Remedies
"If any Products or parts thereof fail to meet the warranties set forth herein, Seller shall, at its option, (1) repair same , or (2) replace same on FOB Loading Ports."

救　　済
製品またはその部品が本条に記載する保証を満たしていない場合は，(1)売主は自己の選択で同品を修理するか，または(2)船積港本船渡しで同品を交換するものとする。

また，売主側の合理的な努力による修理，交換に関わらず製品瑕疵が改善されないことも少なからずあるが，そのような場合には，解決に向けての交渉を当事者に義務付ける規定も，最悪の紛争に至ることを避けるうえで重要である。

調整の英文条項規定を以下に示す。

Adjustment
"If the defects or lack of conformity of the Products cannot be corrected by reasonable efforts by Seller, Seller and Distributor shall negotiate in

good faith for equitable adjustment."

調　　整
製品の瑕疵，不適合が売主の合理的な努力によって修復されない場合は，売主と販売店は衡平な調整に向けて誠実に交渉するものとする。

（5）　製品の保証制限規定

　保証制限規定を設ける目的は，保証問題が発生した場合に，販売店から請求される原因が法定上，黙示保証など多岐にわたることがあるので，保証責任の限度を特定することにある。契約実務では，一般的に，契約書に保証条項を設けて，物品の保証期間，保証範囲を具体的に規定して，そこに規定された保証内容が唯一の救済であることを確認して，その範囲を超える保証を排除する保証制限の特約が設けられる。
　保証制限の英文条項規定を以下に示す。

Limitation of Warranty
"This Article (Warranty) sets forth the exclusive remedies for claims based on defects in or nonconformity of the Products, whether the claim is in contract, warranty, tort or otherwise. Except as set forth in this Article, the foregoing warranties are in lieu of all other warranties, whether oral, written, express or implied or statutory. NO IMPLIED OR STATUTORY WARRANTIES OF MERCHANTABILITY OR FITNESS FOR PARTICULAR PURPOSE SHALL APPLY."

保証の制限
　本条（保証）は，請求が契約，保証，不法行為または他の原因か否かに関わらず，製品の欠陥または不一致に基づく請求の唯一の救済である。上

記の明示的な保証は，他の保証，および，商品性および特定目的の適合性を含み，本条に記載無き限りは，上述の保証が，口頭，書面，明示または黙示または法定上か否かに関わらず他の全ての保証にとって代わるものとする。商品性または特別目的の適合性の如何なる黙示または法定上の保証は適用されないものとする。

製品の欠陥の結果として発生する損害賠償には，直接損害（direct damage）の他に大陸法で使用される間接損害（indirect damage），UCCで使用される結果的損害（consequential damage）および付随的損害（incidental damage）があるが，これら損害を無制限に請求されると莫大な損害賠償となるので，売主の立場から損害賠償の範囲を限定しておくべきである。

賠償制限の英文条項規定を以下に示す。

Limitation of Loss and Damages
"IN NO EVENT SHALL SELLER BE LIABLE FOR ANY INDIRECT, SPECIAL, CONSEQUENTIAL OR INCIDENTAL DAMAGES."

損害賠償の制限
如何なる場合においても，売主は如何なる間接的，特別，結果的または付随的損害は責任がないものとする。

17 製造物責任

製造物責任（Products Liability）とは，製造物の欠陥（defect）に起因して，その製品の消費者または利用者が被った生命，身体または財産上の損害について，その被害者に対して製造者等が賠償しなければならない法律上の損害賠償

責任である。製品の輸出入取引と製造物責任の関係において，欠陥製品の製造，輸出，輸入，販売に関わった当事者が責任の対象となり，被害者から訴えられる恐れがある。

事例8：日本のメーカーA社から工作機械を購入した日本のB商社は，その工作機械を米国の販売店C商社に輸出した。C商社は，その工作機械を米国のXメーカーに納入した。Xメーカーで工作機械を扱っていたY氏が，その工作機械に右手首をはさまれ，右手首を切断する事故にあった。被害者Y氏は，被った被害は工作機械の欠陥に起因するとして，米国のXメーカー，C商社，そして日本のAメーカー，B商社を被告として賠償請求を米ニューヨーク連邦地裁に製造物責任訴訟を提起した。

事例8では，販売店に輸出した製品の欠陥に起因して発生した製造物責任訴訟であるが，その製品の製造，販売に関わる当事者が訴えられている。製造物責任の欠陥というのは，製造業者等が当該製造物を引き渡した時期その他の当該製造物にかかる事情を考慮して，当該製造物が通常有すべき安全性を欠いていることをいう。欠陥の類型には，①製造過程で粗悪な材料が混入したり，製造物の組み立てに誤りがあったなどの原因により，製造物が設計・仕様どおりに作られず安全性を欠く製造上の欠陥，②設計段階で十分に安全性を配慮しなかったために，製造される製造物全体が安全性に欠ける設計上の欠陥，③有効性ないし効用との関係で除去しえない危険性が存在する製造物について，事故を防止・回避するための適切な情報を与えない指示・警告上の欠陥がある。事例8では，日本のAメーカー，B商社はそれぞれ設計上の欠陥，指示・警告上の欠陥を原因として訴えられている。

販売店契約に基づき売主が販売店に供給した製品から事例8の製造物責任訴訟が発生した場合，販売店および売主が法律上負う製造物責任を，売主または販売店のいずれの当事者が賠償責任を負担するのかが問題となる。賠償責任の負担については，当事者間の利害の対立する部分であり，条項規定の交渉で当事者間の合意に達することができず，製造物責任規定が省略されることも珍しくない。そのような場合は，製造物責任のリスク対策として，少なくとも各当

事業者が製造物責任保険を掛けることに合意，確認することが望まれる。

売主の立場から契約上の規定を考えると，販売店に賠償責任を転嫁することを最大限要求するとすれば，以下のような英文規定が考えられる。

> Products Liability
>
> "Distributor shall at its own expense indemnify and hold harmless Seller, and its directors, officers, employees and agents, from and against any and all losses, damages, liabilities, penalties, claims, demands, suits or actions, and related costs and expenses of any kind (including without limitations, expenses of investigations and recall, counsel fees, judgments and settlements) for injury to or death of any person or property damages or any other loss suffered or allegedly suffered by person or entity and arising out of or otherwise in connection with any defect or alleged defect of the Products sold by Seller to Distributor under this Agreement."
>
> 製造物責任
>
> 販売店は，あらゆる人，組織が被ったあるいは被ったと主張するあらゆる障害や死亡，財産的損害または他のあらゆる損失につき，本契約に基づき売主が販売店に販売した製品の如何なる欠陥あるいは欠陥があるとの主張から生じたまたはその他これに関連するすべての損失，損害，責任，制裁金，請求，要求，訴訟，そしてあらゆる種類の関連費用およびコスト（調査，リコール費用，弁護士費用，判決額，和解金を含む）について，売主，および取締役，役員，従業員および代理人に対して，自己の費用で補償し，且免責をするものとする。

さらに，上記に規定される販売店の義務は契約期間終了後の存続する規定が置かれる。販売店の残存義務規定は以下の通りである。

> Survival of Obligation
>
> "The obligation of Distributor provided for in this article shall survive after the termination or expiration of this Agreement."
>
> 残 存 義 務
> 本条項に規定される販売店の義務は本契約の解約または満了後も存続するものとする。

18　商標尊重条項

　販売店契約の対象となる製品は，通常，売主の商標を付けた製品である。売主の商標の付いた製品は海外にある販売店の販売市場で流通することになる。商標の働きは，商標を付した製品を他の商品から識別させることにあり，商標の機能として，出所表示機能，品質保証機能，広告機能が挙げられる。商標の目的は，商標が象徴している背後の「のれん」，即ち営業上の信用を守ることを目的としている。

　商標は主に商標法により保護されるが，保護されるためには，各国毎の登録が必要となる。売主としては，販売地域において商標の登録をすることが大切である。売主が登録していない場合に，販売店が製品に付された商標を守るために販売領域において，売主の承諾を得て，また時には無断でかかる商標を自己の名義で登録するケースがあるが，販売店契約の終了のときに，売主が販売店に係る登録商標の返還を求めても，販売店が返還要求に応じなく，紛争に発展するケースが少なからずある。また，販売店が売主に無断で製品の商標を改ざんして使用し，ときにはかかる商標を登録しているときがあるが，製品の商標の希釈化につながることになる。

上述のような事態を避けるために,契約書に販売店の商標尊重義務規定を設けて,商標の所有権の確認および使用目的の制限,無断登録の禁止,商標の改ざんの禁止,契約期間終了後の使用制限等の内容の規定が設けられる。

商標尊重義務の英文条項規定を以下に示す。

Trademarks
1) "Seller shall authorize Distributor to use the Trademark for the sole purpose of selling and distributing the Products in the Territory pursuant to this Agreement during the term of this Agreement.
2) The Trademark is and shall continue to be the property of Seller exclusively and be used by Distributor only as provided herein. Distributor shall not apply for registration, nor cause such registration to be made identical or similar to the Trademark in Territory or anywhere else.
3) Distributor shall use the Trademark strictly in the manner instructed or designated by Seller. Distributor shall not modify the manner for use of Trademark, nor combine the Trademark with any other letters, names, trademarks or design
4) Upon termination of this Agreement in any manner, Distributor shall immediately cease to use the Trademark."

商　　標
1) 売主は販売店に本契約に関連して本契約期間中領域において製品を販売,配給する唯一の目的のために商標を使用することを認めるものとする。
2) 商標は専属的に売主の所有にあり,所有し続けるものとし,本契約書中に規定される場合に限り使用されるものとする。販売店は,領域において,また他のいかなる地域においても,商標と同一または類似

の登録の申請をしない，また係る商標を登録させないものとする。
   3）　販売店は商標を売主が指示する方法で厳格に使用するものとする。販売店は，商標の使用する方法を修正しない，また商標と他のいかなる文字，名称，商標または意匠と組み合わせないものとする。
   4）　本契約の如何なる終了においても，販売店は直ちに商標の使用を中止するものとする。

19　知的財産権侵害条項

　販売店契約に基づき販売店が売主から輸入して販売領域で販売する契約製品が販売領域の第三者の特許権などの知的財産権を侵害している場合，かかる第三者は特許権等の侵害による損害の賠償，また輸入，販売の差し止めを販売店に求めてくることがある。このような事態が発生した場合は，販売店はかかる事態を売主に通知して，係る侵害の対処を売主に求めてくることになる。その場合に，売主はそのような侵害に責任があるのか，またどのように対処すべきなのかが問題となる。

　CISG42条に知的財産権に基づく第三者の権利または請求の規定が設けられている。同条では次のように規定している。「売主は自己が契約の締結時に知り，または知らないことはあり得なかった工業所有権その他の知的財産権に基づく第三者の権利または請求の対象となっていない物品を引き渡さなければならない。」当事者間の合意により売主の保証責任の排除の合意が無い場合は，売主がその責任を負担しなければならない。売主の知的財産権に対する免責条項規定は，売主に取り重要な規定となる。

　知的財産権侵害の英文条項規定を以下に示す。

> Patent Infringement
>
> "Distributor shall save Seller harmless from any liabilities, loss and damages due to claim of infringement or alleged infringement of any patent, trademark, utility model, design patent, copyright or other rights brought by any third party relating to the sale and/or distribution of the Products in Territory."
>
> 特 許 侵 害
>
> 　販売店は，領域において製品の販売，配給に関連して，如何なる第三者により提起される特許，商標，実用新案，意匠，著作権または他の権利の侵害または侵害と主張するクレームに起因する，如何なる責任，損害賠償から売主を免責するものとする。

20　秘 密 保 持

　製品の販売促進，アフターサービス等に必要とされる製品に関する取扱説明書，仕様書，技術資料等，また，営業上の秘密情報，会社の機密情報等が，売主から販売店に提供されることが多い。それらの情報が営業秘密である場合は秘密保護管理が大切となる。販売店に対して，それらの秘密情報，営業秘密の取り扱いにつき，厳格に秘密に保持し，第三者には開示しない，また，他の目的には流用しない義務を課しておくことが大切である。秘密保護管理の方法の1つに，販売店契約書に秘密保持の規定を置くことが考えられる。また，販売店との間に，別途，秘密保持契約書を交わすこともある。

　秘密保持条項の英文条項規定を以下に示す。

第9章 英文販売店契約書の作成　　121

> Secrecy
>
> "Distributor during the term of this Agreement and thereafter, shall keep confidential the technical information relating to the Products and other trade secrets disclosed by Seller, and shall not use such information any other purpose than that of this Agreement.
>
> The obligations as mentioned above shall not apply to information
> ⅰ）　which was public domain at the disclosure
> ⅱ）　which was already known by Distributor at the disclosure
> ⅲ）　which will become public domain through no fault of Distributor
> ⅳ）　which will be rightfully received by Distributor from a third party."
>
> 秘 密 保 持
> 本契約期間中およびそれ以降も，販売店は，売主が開示する製品に関する技術情報および他の営業秘密の秘密を守り，かかる情報を本契約の目的以外には流用しないものとする。
> 上述の守秘義務は以下の情報には適用されない
> ⅰ）　開示の時に公知であった情報
> ⅱ）　開示の時に販売店が既に知っていた情報
> ⅲ）　販売店の責に帰すべき事由によらずに，開示後公知となった情報
> ⅳ）　販売店が第三者から守秘義務を課せられることなく受領した情報

21　契 約 期 間

　契約期間は，契約の始期から終期までの一定の期間をいう。契約期間の定め

方については，契約の発効日を特定して，期間を定める契約と期間を定めない契約がある。期間の定めのない契約の場合は，①契約の期間を最初から不定期間として，一方当事者の事前の通知により終了する規定，②最初の契約期間を設定して，最初の期間満了以後を不定期間として，一方当事者の事前通告により終了させる規定，また，最初の期間満了以後は，一方当事者の終了通告がない限りは毎年自動的に更新させる規定が考えられる。

期間の定めのある契約では，通常，期間満了後も延長，更新により契約が継続することを前提としている。延長の方式には，①解約の事前通知がない限り自動的に更新する自動延長方式と，②契約満了前に当事者が事前に協議して延長合意ができた場合にさらに一定期間延長される協議延長方式がある。

契約期間，延長の英文条項規定を以下に示す。

【契約期間，延長その1：契約期間と自動延長による契約更新】

Duration and Renewal

"This agreement shall commence on and from the date and year first above written hereof, and, thereafter, unless earlier terminated under the articles herein provided, shall continue in valid for ＿＿＿＿ years.

This Agreement shall automatically extended on a year to year basis unless either party shall give the other written notice of its intention to terminate this Agreement at least ＿＿＿＿ days prior to expiration of the initial term of this Agreement and/or its extension."

期間と延長

本契約は本契約の冒頭記載の年月日に始まり，本契約書中に規定される条項に従い早期に解約されない限りは，＿＿＿＿年間有効に存続する。

本契約は本契約の最初の期間またはその延長期間満了の少なくとも＿＿＿＿日の以前に本契約の解約の意図を書面で相手当事者に通知しない限りは，自動的に一年毎更新されるものとする。

協議延長方式では，契約満了前に当事者が事前に協議して延長合意ができた場合に更に一定期間延長される。協議において延長合意ができない場合は，期間満了により契約が終了することになる。

【延長規定その2：協議による契約更新】

Renewal

"Seller and Distributor shall discuss with each other for renewal of this agreement at least ＿＿＿＿ months before the expiration of this Agreement. If the renewal is agreed upon the parties, this Agreement shall be renewed for another ＿＿＿＿ years period under the terms and conditions herein set forth or with amendments. If an agreement of renewal is not reached before the expiration of this Agreement, this Agreement shall terminate an expiry of the initial three year term hereof."

延　　長

売主と販売店は本契約満了の少なくとも＿＿月以前に，本契約の延長を相互協議するものとする。延長が当事者間で合意された場合は，本契約書の条件または修正を伴いさらに＿＿年間延長されるものとする。本契約満了前に延長の合意ができない場合は，本契約の最初の3年間で終了するものとする。

22　中途解約

契約の中途に解約する場合は，解約するための事由が必要であり，何ら事由も無く一方的に解約することは難しい。特に，販売店契約等は当事者間の信頼関係をベースに長期に継続する契約であり，正当な事由のない一方的解約は紛争の原因となる。また，代理店保護法の下でも，合理的，正当な事由を原因と

する中途解約，契約更新の拒絶は，通常認められている。どのような事態が解約原因となるかが重要であるが，通常，一方当事者の不履行，契約違反，また，破産，倒産等の特定事由の発生が挙げられる。

契約書に，中途解約規定を設けて，解約事由と解約の方法を具体的に取り決めておくことは大切である。

中途解約の英文条項規定を以下に示す。

<u>Early Termination</u>

"Either party may terminate forthwith this Agreement by giving written notice to the other:

1) if either party fails to perform any of its liabilities hereunder and fails to cure such defaults within sixty (60) days after service of notice from the other party requiring correction thereof:

2) if any one of the following events occur to the other part;

   (1) appointment of a trustee or receiver for all or any part of the assets or property of the other party

   (2) insolvency or bankruptcy of the other party

   (3) dissolution or liquidation of the other party by resolution or by law

   (4) substantial change of management or suspension of business of the other party, or assignment of its assets or business to any third party, whether voluntarily or by compulsion of law"

<u>中途解約</u>

いずれか一方の当事者は，他方当事者に対して書面の通知により本契約を直ちに解約することができる：

1) いずれか一方の当事者が本契約に基づく義務を履行しない場合に，他方当事者からのその不履行の治癒の要請通知後60日以内にかかる不履行を治癒しない場合。

---

2) 以下の事項の1つでも他方当事者に発生した場合。
    (1) 他方当事者の財産または資産の全てまたは一部に対する破産管財人または収益管理人の任命
    (2) 他方当事者の破産，倒産
    (3) 議決，または法律による他方当事者の解散または清算
    (4) 任意または法律上の強制であれ，他方当事者の経営の実質的変更または営業停止，または資産または営業の譲渡

23 終了関係条項

　販売店契約の終了に当たっては，終了に伴い発生するかもしれない潜在的な問題，リスクがあることを考慮しておかなければならない。①終了時における当事者間の債権，債務の整理，②終了以後も効力が継続する残存義務，③終了後の秘密保持義務，④終了後の一定期間の競業禁止義務などは国際取引契約上の注意事項として挙げられる。販売店契約では，前記の事項に加えて，例えば，終了時に販売店が有する在庫品の処理問題，終了に伴い販売店が請求するかもしれない補償問題，また，終了後に当事者間で契約製品の継続的な販売に伴う販売店契約の事実上の延長問題などがある。

(1) 終了時の在庫品処理

　契約終了時に販売店が抱える在庫品の処理は重要な問題である。一定期間に限って販売を許可する場合，一定の在庫品を廃棄処分する場合，また，売主が販売店から在庫品を買い戻す場合が考えられる。いずれの方式を採用するかは，商品の性質や取引事情により様々である。一般的には，在庫品を買い戻すケースが多い。通常は，契約書に在庫品買い戻し規定が設けられる。売主の立場か

ら，買い戻し義務条項（例えば，shall "purchase back ……"）の規定は避けるべきである。義務条項の場合は，売主は如何なる場合でも在庫品を買い戻さなければならず，在庫品処理の選択肢を狭めることになる。在庫品買い戻し規定は，権利条項（例えば，"may purchase back ……"）としておくことで，売主の選択の幅を広げておくことが肝要である。

在庫品買い戻し権利条項の英文条項規定を以下に示す。

Purchase back of Stocks

"Upon termination of this Agreement by any reason whatsoever, Seller may purchase back, but at Seller's sole discretion, all the Products which are kept in the hand of Distributor with good conditions at the time of termination at the price equivalent to those paid by Distributor."

<u>在庫品買い戻し</u>

いかなる理由による本契約の終了に基づき，売主は自己の選択により，終了時に良好の状態で販売店の在庫に在る全製品を販売店が購入した価格で買い戻すことができる。

（2） 終了時の補償免責条項

販売店契約の終了に伴い，販売店からの終了に伴う補償請求問題が発生することがある。売主の立場から，終了に伴う販売・代理店に対する補償責任が売主には無い旨を契約書に規定することがある。尚，代理店保護法によっては，売主の販売・代理店に対する補償義務規定が強行規定である場合があり，その場合は補償義務内容を当事者間で修正，変更ができず，また，そのような免責規定は無効とされるので，売主の補償免責条項を規定する場合は，販売店の地域，国の代理店保護法を調査することが望まれる。

売主の補償免責にかかる英文条項規定を以下に示す。

> Exemption of Compensation
>
> "Seller shall not be liable to Distributor because of termination of or refusal of extension of this Agreement, for any compensation, damages on account of present or prospective profits on sales or anticipated sales or on account of expenditures, investment or commitments made in connection with the business of Distributor in any manner."
>
> 補償免責
>
> 売主は本契約の解約または本契約延長の拒絶の結果，販売または販売の見込みにおける現在のまたは見込みの利益の理由とする，またはいかなる方法においても販売店の営業に関連して為される出費，投資または行為の理由とする如何なる補償，賠償に対しても販売店に責任を負わないものとする。

（3） 終了後の継続的取引による事実上の延長

　契約が終了した後も，契約対象製品の取引が継続して行われていることがあるが，終了後の継続取引が販売店契約の事実上の延長と解釈される恐れがあるので，終了後の同製品の取引は注意しなければならない。終了後の取引を継続する場合には，当該販売店契約の延長ではない旨を確認しておくことが大切である。また，契約書にも，契約終了後になされる同製品の取引が契約延長とは見做されない旨の規定を設けることが望まれる。

　契約終了後の同製品販売を契約延長ではない旨の英文条項規定を以下に示す。

> Sales of Products after Termination
>
> "Acceptance of any order of the Products by Seller and/or sale of Products to Distributor after the effective termination of this Agreement

shall not be deemed as a renewal or extension of this Agreement or as a waiver of termination of this Agreement."

契約終了後の製品販売
本契約終了後に売主による製品注文の承諾，およびまたは製品の販売店への販売は本契約の更新，延長または本契約の解約の放棄とは見なされないものとする。

24 一般条項

　一般条項（general conditions）は各類型の取引契約に共通して使用される条項規定であり，通常，契約書本文の後半部，主要条項の後に規定される。一般条項としては，不可抗力条項，通知条項，譲渡条項，権利不放棄条項，分離条項，標題条項，言語条項，完全合意条項等が挙げられる。以下に，各一般条項について紹介する。

（1）　不可抗力条項

　不可抗力の法概念は，各国ことなり，大陸法と英米法とに大別できる。英米法と大陸法の法概念は，以下の通りである。

1）大陸法

　不可抗力（Force Majeure）とは，契約締結後，当事者が予見できない，当事者の責めに帰しえない事態，例えば，大災害や戦争，内乱等，当事者の支配を超える障害が原因で，義務履行が不能（impossibility）となった場合，一定の要件のもとで，不履行当事者の法的責任，債務，その他の不利益を免れさせ

る標準として用いられる概念である。

2）英米法

英米法では，契約目的の達成不能（Frustration）等の理論を発展させてきている。契約目的の達成不能とは，契約締結後，当事者の予見が不可能であり，当事者のいずれの責にも帰しえない事態の発生により当事者が予期した契約の目的が達成不能となることをいう。Frustration の成立により，契約はそれ以後消滅し，当事者は履行期が到来する契約の債務を免れる。

3）CISG79条（債務者の支配を超えた障害による不履行）

CISGでは，不可抗力事態に対応する規定として，同79条1項で，「当事者は，自己の不履行が自己の支配を超える障害によって生じたこと及び契約の締結時に当該障害を考慮することも，当該障害又はその結果を回避し，又は克服することも自己に合理的に期待することができなかったことを証明する場合には，その不履行について責任を負わない」と定めている。

CISGの下では，不履行当事者が不履行による損害賠償の免責を受けるためには，以下の事項を証明しなければならない。

① 自己の支配を超える障害の発生したこと。
② 契約締結時に合理的に予見できなかった障害であり，当該障害を考慮することができなかったこと。
③ 害またはその結果の回避・克服の可能性が無いこと。

販売代理店契約等の長期継続的契約等では，契約期間中に当事者の支配を超える種々の障害が発生することがあるが，どのような事態が不可抗力として履行免責を受けるのかについては，適用される法律により，例えば，大陸法系，英米法系により解釈がことなり，また，CISGも不可抗力に関して全て網羅しているものではなく，具体的な不可抗力事態についての規定が設けられていない。

契約書に具体的な不可抗力事態を明記した不可抗力条項を定めておくべきである。不可抗力条項に記載される不可抗力事態としては以下の事態が挙げられるが，これ等の事態を当事者交渉において，できるだけ具体的，詳細に取り決めて，契約書に規定することが望まれる

不可抗力事態は，以下のように分類することができる。

① 天災（Natural Disasters）
　火災（fire），地震（earthquake），津波（tidal wave），洪水（floods）台風（typhoon），暴風雨（storm），疫病（epidemics），他
② 人災（Man-made Disasters）
　戦争（war），動乱（civil commotion），暴動（riot），反乱（mutinees）原子力事故（nuclear incident），他
③ 政府命令，制限，禁止（government order, restriction, prohibition）
　輸出・入禁止（export and/or import prohibition），通貨規制（currency restriction）
④ 合理的な支配を越える状況（circumstances beyond the reasonable control）
⑤ 免責対象となるか否かについて争いのある障害として，労働争議（labour disputes），原材料，運送，エネルギー等の当事者の支配を超える調達不能（inability beyond the reasonable control to obtain raw materials, transportation, energy），他

上述に挙げた不可抗力事態の列挙に関して，不可抗力事態の範囲を限定することを望む場合は，限定列挙にして，規定される事態に限定する方法が採られる。不効力事態の範囲を広げることを望む場合は，例示列挙として，規定された以外の事態も含む方法が採られる。例示列挙では，不可抗力事態を例示的に列挙して，例えば，"force majeure including but not limited to…"として不可抗力事態を列挙して，最後の部分に"any other act beyond the reasonable control of the affected party"と記載することによって，記載されていない事態も適用される可能性を残すことになる。

第9章　英文販売店契約書の作成　　131

以下に，一般的な不可抗力条項規定を示す．

Force Majeure
1）Neither party shall be liable to the other party for any failure or delay in the performance of any of its obligations under this Agreement for the time and to the extent such failure or delay is caused by directly or indirectly by force majeure including but not limited to fires, earthquakes, floods, tidal waves, storms, epidemics, wars (declared or undeclared), commotions, port congestions, nuclear incidents, or inability due to caused beyond the affected party's reasonable control timely to obtain necessary and proper labor, materials, components, energy, fuel, transportation, or strikes, acts of the public enemy, acts of government or its agencies, Act of God or any other act beyond the reasonable control of the affected party.

2）Such affected party has given notice of the occurrence of such event of force majeure to the other party hereto and makes best efforts to discharge its obligations at the earliest reasonable time.

3）If such party so rendered is incapable of performing for a continuous period of three(3)months or more, the other party may terminate this Agreement immediately upon notice to the non-performing party.

不可抗力
1）いずれの当事者も，他方当事者に対して，かかる不履行または遅延が直接または間接的に，火災，地震，洪水，津波，暴風，疫病，戦争（宣戦布告にかかわらず），動乱，港湾滞留，原子力事故，または，必要，適切な労働，資材，構成部品，エネルギー，燃料，運送を適宜に確保することが，影響を受ける当事者の合理的支配を超える原因にる不能，ストライキ，敵対行為，政府および政府機関の行為，天災，または影響を受けた当事者の合理的な支配を超える他の行為に限らず含まれる不可抗力により生じた不履行または遅延の範囲および期間において本契約に基づく不履行，または遅延に対して免責されるものとする．

2）かかる当事者は他方当事者に対して不可抗力事態発生の通知をし，出来る限り早期に義務の履行をすべく最大の努力をするものとする．

> 3）かかる不可抗力の影響を受けた当事者が3カ月以上の期間履行することができない場合，他方当事者は不履行当事者対する通知により直ちに本契約を解除することができる。

（2） 通知条項

　契約の一方当事者が相手当事者に契約に基づく通知，要請，要求する場合，如何なる通知手段を使うのか，また，通知の効力は何時発生するのかが問題となる。通知条項規定では，一般に，通知の方法，当事者の宛先，通知の効力発生時期等が規定される。契約に基づき通知の必要性が発生した場合は，当該通知条項規定の方法に従って通知を行う必要がある。特に，中途解約や契約更新拒絶等の重要事項の通知の場合は，通知条項に基づかない通知の効力が問われることもあるので注意しなければならない。

　通知条項の英文規定を以下に示す。

> Notice
> "All notices and other communications called for hereunder shall be in writing and shall be given by registered air mail, international courier to the parties at their respective office first above written or to any address of which a party notifies the other in accordance with this article. Notices and other communications mentioned above shall be deemed to be received and made effective when dispatched."
>
> 通　　知
> 　本契約に基づき要求される全ての通知，通信は，書面で，当事者宛の航空書留便，国際宅急便で本契約冒頭記載の各々の事務所または本条項に従い他方当事者に通知した住所宛に与えられる。本契約に基づく通知，通信は発信した時に受領され且効力が発生したとみなされる。

（3） 譲渡条項

　契約当事者間の高度な信頼を基礎に置く契約は，原則，譲渡できないと解されるが，販売店契約を含みどのような契約が譲渡できないかは明確ではない。契約上の権利を相手方の同意なしにできるか否かは重要な問題であり，販売店契約では，通常，相手当事者の同意無くしては，契約上の権利，また契約上の地位は譲渡できない旨の譲渡禁止条項規定が設けられる。

　最近の問題として取り上げられることが多いのは，企業再編における契約上の地位の移転の問題である。この場合，譲渡の内容により，例えば，契約に基づく個別の権利義務の移転となる事業譲渡（特定継承）の場合は相手当事者の同意が必要とされると解される。一方，企業再編でも，会社の分割・合併のような法律上の効果による当事者の権利義務の包括的移転（一般継承）では，契約上の譲渡禁止条項の有無に関わらず，相手当事者の同意は不要とされている。

　契約上の地位の移転について，自動的に契約の地位が移転され包括的に継承される特約を設けている規定がある。例えば，次のような規定である。"This Agreement shall be binding upon and inure to the benefit of the successors and assigns of Seller or Distributor."（本契約は，売主，販売店の相続人，譲渡人のために効力が生じ,かつ拘束する）。上記のような規定では，契約上の地位が移転される場合でも相手当事者の新たな同意は必要がない。尚，事業譲渡，会社の分割，合併が発生した場合には，販売店契約の中途解約の原因として，本章22の中途解約規定に中途解約事由として挙げられることがある。

　契約譲渡制限の一般的な英文条項規定を以下に示す。

Non Assignment

"Either of the parties shall not assign or transfer this Agreement or any right, interest or duty hereunder without the other party's prior written consent."

譲 渡 禁 止
　いずれの当事者も他方当事者の書面の合意が無い限りは本契約，本契約のいかなる権利，権益または義務を譲渡，移転してはならないものとする。

（4）　権利不放棄条項

　契約上の違反を当事者が犯した場合に，その違反に対する警告，請求を適宜にしないと権利を放棄したものとされることがあり，後日に同様の違反が発生して，権利請求をしても，請求権を放棄している事項であるとして，請求が認められない恐れがある。そのような事態を避けるために，権利請求の不行使が権利放棄とならない旨の規定が設けられる。

　権利不放棄の英文条項規定を以下に示す。

Non-waiver
"No failure by any party to insist upon the strict performance of any covenant, duty, agreement or condition of this Agreement or to exercise any right or remedy consequent upon a breach thereof shall constitute a waiver of any such breach or any other covenant, agreement, term or condition."

権利不放棄
　本契約の約束事項，債務，合意または条件の厳格な履行を主張すること，または契約違反に伴う権利または救済を行使することを怠ることは，かかる違反または他の約束，合意，条件を放棄するものではない。

（5）　分　離　条　項

　契約の一部条項規定が独占禁止法や外為法等の強行法規に違反する規定とし

て条項が無効とされる場合，契約全体が無効となるのか，無効とされる規定のみが無効の対象となり，残された規定および契約は有効に存続するのか否かが問題となる。一般には，無効とされる内容が公序良俗に反するとされる場合は別として，契約条項規定の一部無効により契約全体が無効とはならないと解されている。

契約書には，通常，強行法規に抵触する条項が含まれる場合でも，契約自体は，また，残存する条項は有効に存続する旨の規定が置かれる。

分離条項の英文規定を以下に示す。

Severability

"If any provision of this Agreement is deemed to be unlawful or unenforceable, such provision shall be considered void to the extent of such illegality or unenforceability, without invalidating any other provision of this Agreement."

分 離 条 項

本契約のいかなる規定も違法，執行不能とみなされる場合，かかる条項は，本契約の他のいかなる条項も無効とすることなく，かかる違法，執行不能の範囲において無効とみなされるものとする。

（6） 標 題 条 項

契約の標題，各条項規定の標題は，その内容を理解するうえでの参考にすぎず，標題自体に法的効果，拘束力があるものではない。契約内容，条項規定内容と標題の解釈が異なる場合は，契約内容，条項規定内容が解釈上優先される。

標題の規定を以下に示す。

> Headings
> "All headings referred to in this Agreement shall be deemed incorporated in this Agreement by reference."
>
> 標　　題
> 本契約に言及される全ての表題は本契約の参考として規定されているものとみなされる。

（7）　言 語 条 項

　国際契約では，契約書は一般に日本語で作成されることはあまりなく，世界共通の言語として英語で契約交渉がなされ，最終契約書の正文を英語で作成されることが多い。日本語は翻訳文として作成されることがあるが，翻訳文はあくまでも契約書正文の参考であって，正文言語がすべてにおいて翻訳文に優先する。言語条項は，契約書の正文とする言語の確認規定である。
　以下に言語条項の英文規定を示す。

> ──【言語条項その１】──
> Language
> "This agreement is in the English language, executed in originals, one duplicate original to be retained by each party hereto."
>
> 言　　語
> 本契約は，英語により，正文を作成し，各当事者がそれぞれ正文一部を保持する。

　契約書の正文を日本語と英語の２カ国言語で作成することがある。両言語の規定に矛盾や解釈相違が発生することがあり，解釈の優先順位が問題となるこ

とがある。そのような場合の予防策として、いずれの言語が優先的に解釈されるかを定めておくべきである。

両言語英文の言語条項の英文規定を以下に示す。

──【言語条項その2】──────────────────

Language

"This Agreement shall be executed in the Japanese and the English language, but in the event of any inconsistency or difference between the two versions of this Agreement, the Japanese Language shall prevail in all respects."

言　　語

本契約は日本語および英語で作成，締結されるものとする。双方の言語矛盾，相違がある場合，全ての事項に関して日本語が優先するものとする。

（8） 完全合意条項

販売店契約では，通常，契約条件の交渉を積み重ねたうえで最終契約書が締結される。交渉途中において交わされた口頭，書面でのコミットメント，合意が少なからずなされる。例えば，議事録（Minutes），レター・オブ・インテント（Letter of Intent：L/I）や覚書（Memorandum of Understanding：MOU）等の合意文書がかわされる。それらの合意文書と両当事者署名の最終契約書の間で，合意事項の相違がある場合，どちらを優先的に解釈するべきかが問題となる。完全合意条項では，最終契約文書が優先的に解釈される旨を規定しており，これらの問題を解決する上での有効な条項となる。

英米法の法則に，「口頭証拠排除の原則」（Parol Evidence Rule）という法則がある。最終契約書に調印されたら，その契約書と異なることを他の口頭，書面の証拠を用いて証明することを許さないとする法則である。英文国際契約書では，口頭証拠排除の原則から，当事者間で締結された最終契約書が当該契約

に関係する唯一,完全な合意であり,それ以前になされた契約交渉での口頭,書面の合意に優先する旨の規定が置かれる。これを完全合意条項 (entire agreement clause) とか統合条項 (merger clause) という。

契約締結以後に,修正,変更の必要性が生じた場合に,その修正,変更の方式が問題となる。例えば,CISGでは契約成立の方式は口頭,書面いずれでも認められている (CISG11条)。また,修正,変更も口頭でも認められる (同29条1項)。口頭による契約の修正,変更を認めると,法的安定性に欠けることになり,書面による修正,変更を要件とする規定を契約書に明記すべきである。国際契約では,通常,完全合意条項に,契約の修正,変更は当事者間の書面による合意がない限りは拘束力をもつ有効な修正,変更とはみなさない旨の規定が置かれる。完全合意条項の英文規定を以下に示す。

<u>Entire Agreement</u>

"This Agreement constitutes the entire and complete agreement among the parties concerning the subject matter of this Agreement and supersedes all prior agreements. There are no representations, inducements, promises, or agreements, oral or otherwise among the parties not embodied in this Agreement. No amendment, change from this Agreement shall be binding on any party unless executed in writing by the dully authorized officers or representatives of the parties hereto."

<u>完 全 合 意</u>

本契約は,本契約の対象に関する当事者間の唯一,完全なる合意を構成し,以前のあらゆる合意に優先する。本契約書に包含されていない当事者間の口頭または他の方法による表明,誘因,約束または合意は存在しない。

本契約の修正,変更は,本契約当事者の正当に権限を有する役員または代表者により,書面で締結されない限り当事者を拘束しないものとする。

25　準拠法条項

　国際取引契約は，法制度の異なる複数の地域，国の企業が国境を越えて行われる取引契約であり，各条項規定，契約上の権利，義務の法的解釈において，いかなる法または国の法令に基づき解釈するのか，準拠法決定の問題が発生する。準拠法の決定は，原則，法廷地の国際私法によることになるが，日本の国際私法規則は「法の適用に関する通則法」（以後，通則法という）である。通則法7条1項に「法律行為の成立及び効力については当事者が当該法律行為の当時に選択した法による」旨規定されており，契約上の債権，債務関係，契約条項の解釈は，原則的に，当事者の合意による準拠法の指定が認められる。

　準拠法条項で規定される準拠法の指定に関しては，国家法を指定する場合と非国家法を指定する場合がある。

　国家法を指定する場合，準拠法としては，①自国の法律，②相手国の法律，③第三国の法律のいずれかの法律が指定されることが多い。また，当事者合意の準拠法として問題を含む規定ではあるが，紛争処理地の法律を指定している契約書を少なからずみかける。例えば，中国企業と日本企業との契約に規定される仲裁条項が，日本企業が中国企業に対して仲裁を申し立てるときは仲裁地を中国とし，中国企業が日本企業に対して仲裁を申し立てるときは仲裁地を日本とする，被告地主義の仲裁条項の場合に，契約の準拠法を中国法か日本法として，最終的な決定は，上記の被告地主義に連動させた紛争処理地の国の法令を準拠法に指定するとした規定である。被告地の紛争処理地と連動させた法律を準拠法とする規定は，紛争が発生して紛争処理地が決定されるまでは準拠法合意がされていないことになるので，契約締結当時に当事者が選択した準拠法としては認められないという解釈があり，問題を含む規定であることに留意しておかなければならない。

　非国家法としては，UNIDROIT国際商事契約原則，CISG[2]等を準拠法とする

ことがある。(CISGに関する準拠法条項規定については,「第7章5-(4) 準拠法規定とCISGの適用」を参照願いたい)。

日本法を指定する準拠法条項を以下に示す。

Governing Law

"This Agreement shall be governed by and construed under the laws of Japan in all respects."

準　拠　法

本契約は全て日本の法律に基づき支配され,解釈されるものとする。

26　紛争解決条項

　国際取引契約から発生する紛争の強制的解決手段としては,訴訟と仲裁があるが,訴訟による解決を予定する場合には裁判管轄条項（jurisdiction clause）が契約書に規定される。仲裁による解決を予定する場合には仲裁条項（arbitration clause）が規定される。いずれの紛争解決条項を選択するかは当事者の自由である。しかし,仲裁条項は,当事者間の裁判権排除の合意とする性格から,紛争解決条項は,訴訟か仲裁のいずれかを選択して規定しなければならない。訴訟と仲裁は,二者択一となり,併用はできない。例えば,「契約から発生する紛争は……仲裁又は訴訟により解決する……」,「契約から発生する紛争は,……仲裁で解決できない場合は,訴訟により解決する……」等の規定は問題を含む紛争処理条項であり,その有効性が問題とされる。紛争解決手段の選択において,上記のような仲裁と訴訟を併用する規定は避けるべきである。

(1) 訴訟を選択する場合——裁判管轄条項

　国際取引紛争において訴訟を選択する場合，企業間の国際取引紛争を裁く国際司法裁判所は存在せず，各国の国内の裁判所がそれらの紛争を裁くことになる。裁判制度，訴訟手続は国により異なるので，どこの国の裁判所で裁判を行うかは当事者にとり重要な問題である。また，裁判は国家機関による解決となり，国境を超えて企業間に発生する国際取引の場合，国境の壁が一部障害となっている。例えば，国際裁判管轄，訴状の送達，外国判決の承認と執行問題があることに留意しておく必要がある。

1) 国際裁判管轄

　企業間の国際取引から国境を越えて発生した紛争を内国裁判所に提訴する場合，提訴を受けた裁判所が，その紛争を受理する権限があるのか否かの問題が発生する。これを国際裁判管轄問題という。国際裁判管轄を有していない国の裁判所に訴えを提起してもその訴えは却下される。国際裁判管轄の決定は，原則として，各国の国内法に委ねられており，裁判を行う地の国際裁判管轄の規則を調査しなければならない。日本では，従来，国際裁判管轄を直接的に規定する法律もなく，また条約も存在しなかったので，国際裁判管轄は，当事者の公平性，裁判の適正・迅速を期するという理念により，条理に従って決定されてきた。具体的には，民事訴訟法の土地管轄規定が基準とされていた。しかし，法制審議会国際裁判管轄法制部会が進めてきた国際裁判管轄法制の整備に関する要綱案が公表され，通常国会に国際裁判管轄の法案が提出され，国際裁判管轄規則が立法化された[3]。また，国際民事訴訟に関連して，「外国等に対するわが国の民事裁判権に関する法律」[4]が公布される等，国際民事訴訟に関連する法整備が進められてきた。

　国際裁判管轄は，通常，被告の住所地を原則としており，国際取引契約から発生する紛争を訴訟で解決する場合は，被告となる相手当事者の営業所の住所地の国の裁判所に訴えた場合は国際裁判管轄が肯定される。原告地の裁判所に

訴えた場合は，必ずしも国際裁判管轄が肯定されるとは限らない。原告地での国際裁判管轄が認められるためには，被告となる当事者の営業所の所在地，債務の履行地，財産の所在地，不法行為地等の要素が考慮されることになる。

現在では，平成23年民事訴訟法の一部改正により，国際裁判管轄権の規定（第一節日本の裁判所の管轄権）が追加された。民事訴訟法（以後，民訴法）の第3条の2（被告の住所等による管轄権）から3条の12（管轄権の標準時）までが国際裁判管轄権の基本的な国内法となる。以下にその概要を紹介する。

① 被告の住所地による管轄

国際裁判管轄権は，通常，被告の住所地を原則としており，貿易売買取引契約から発生する紛争を訴訟で解決する場合は，被告となる相手当事者の営業所の住所地の国の裁判所に訴えた場合は国際裁判管轄権が肯定される。

民訴法3条の2（被告の住所等による管轄権）には，「裁判所は，法人その他の社団又は財団に対する訴えについて，その主たる事務所又は営業所が日本国内にあるとき，事務所若しくは営業所が無い場合又はその所在地がしれない場合には代表者その他の主たる営業担当者の住所が日本国内にあるときは，管轄権を有する」と定めている。

② 原告の住所地による管轄権

原告地の裁判所に訴えた場合は，必ずしも国際裁判管轄権が肯定されるとは限らない。例えば，日本企業が外国の企業を相手取り，日本の裁判所に訴える場合，必ずしも国際裁判管轄権が認められるとは限らない。原国地での裁判所への訴えに関しては，日本の民訴法改正の下では，管轄原因を定めた，民訴法3条2以下に定める，例えば，(a) 契約上の債務の履行地，(b) 営業所等の所在地，(c) 事業活動地，(d) 財産所在地，(e) 不法行為地等の規定のいずれかに該当すれば，日本の国際裁判管轄が原則的に認められる。

(a) 契約上の債務の履行地

契約上の債務の履行の請求を目的とする訴えについて，契約において定

められた当該債務の履行地が日本国内にあるとき，または契約において選択された地の法によれば当該債務の履行地が日本国内にあるときは，日本の裁判所の管轄が認められる（民訴法3条3の一）。
(b) 営業所等の所在地

被告の事務所または営業所が日本に在る場合は，当該営業しに関連する業務については，日本の裁判所の管轄が認められる（民訴法3条3の四）。
(c) 事業活動地

被告が日本において事業を行っている場合，訴えの内容が被告の日本における業務に関するときは，日本の裁判所の管轄が認められる（民訴法第3条3の五）。
(d) 不動産の所在地

不動産に関する訴えについて，不動産が日本国内にあるときは，日本の裁判所の管轄が認められる（民訴法3条3の十一）。
(e) 不法行為地

不法行為に関する訴えについては，不法行為地での管轄が認められる（民訴法3条3の八）。不法行為の訴えは，製造物責任，知的財産権の侵害差し止め，請求等の事件が含まれる。

2） 管轄権に関する合意

① 合意管轄

合意管轄に関しては，民訴法3条3の七（管轄権に関する合意）の第1項で，「当事者は，合意により，訴えを提起することができる日本又は外国の裁判所を定めることができる」旨規定されている。すなわち，当事者が国際裁判管轄を合意によって決めることができると定められている。管轄合意の方式については，書面性が求められる。同2項で，一定の法律関係に基づく訴えに関し，かつ書面でしなければ，その効力は生じないと規定されている。貿易売買契約では，管轄の合意に関して，通常，契約書に裁判管轄条項が規定される。

② 裁判管轄条項

国際販売代理店契約では、紛争の発生に備えて裁判による解決を予定する場合は、契約書に訴えを提起することができる裁判所を定めた国際裁判管轄権に関する合意の規定が設けられることがある。これを裁判管轄条項（jurisdiction clause）という。契約書に裁判管轄条項を設けることで、通常、合意された裁判所の国際裁判管轄権が認められる。

[裁判管轄条項]

Jurisdiction Clause

"The courts of Japan shall have exclusive jurisdiction over all disputes which may arise between the parties out of or in connection with this Agreement."

裁判管轄条項

本契約から、または、本契約に関連して当事者間に発生する全ての紛争に関して、日本国裁判所が、専属的裁判管轄権を有する。

---

3) 訴状の送達

訴訟による解決において、外国の当事者に訴状を送達するには、郵便で直接当事者に送付する形式は問題である（米国の訴訟では、訴状が直接に外国当事者に郵便で送付されることがあるが、日本では適格な送達とはいえない）。日本の裁判所からの訴状の外国への送達は、外国の司法機関、公館の協力が必要となり、その手続きに何カ月もの期間が必要となる。日本の裁判所からの訴状の外国に対してなされる送達に関して、日本では、従来、民訴法108条（外国における送達）に基づき、裁判長が、その国の管轄官庁またはその国に駐在する日本の大使、公使若しくは領事に嘱託して送達されるか、または日本が加盟する、「民事又は商事に関する裁判上及び裁判外の文書の外国における送達及び告知に関する条約」（ハーグ送達条約）に基づき外国の当事者に訴状が送達

される。ハーグ送達条約に基づく送達では、訴状の送達先国言語への翻訳を添付して、領事館等から送達先国の司法機関などの一定ルートを経由して送達されることになる。

最近公布された「外国等に対するわが国の民事裁判権に関する法律」20条（訴状等の送達方法等）では、外国等に対する訴状その他これに類する書類および訴訟手続その他の裁判所における手続の最初の期日の呼出状（訴状等）の送達は、①条約その他の国際約束で定める方法、②左記の①の方法がない場合には、外交上の経路を通じてする方法、または当該外国等が送達の方法として受け入れる民訴法に規定する方法、等によるとされる。

4）　外国判決の承認および執行

裁判で下された判決は外国にまでその効力が及ぶものではない。外国で判決を執行しようとする場合は、執行しようとする国の裁判所にその判決の承認と執行を求めなければならず、一定の要件のもとに、承認され、執行が許容される。

外国判決の日本での承認・執行に関しては、民訴法118条（外国裁判所の確定判決の効力）および民事執行法24条（外国裁判所の判決の執行判決）が関係する。外国判決の承認の要件として、

ⅰ）　法令または条約により外国裁判所の裁判権が認められること
ⅱ）　敗訴の被告が訴訟開始に必要な呼び出し若しくは命令の送達を受けたこと、またはこれを受けなかったが応訴したこと
ⅲ）　判決の内容及び訴訟手続きが日本における公序に反しないこと
ⅳ）　相互の保証があること

が挙げられ、そのすべての要件を具備する場合にその効力が認められる。上記の要件は民訴法118条の外国の確定判決の承認の要件であり、外国の確定判決を日本で執行する場合には、民事執行法24条に従い、日本の裁判所の執行判決が必要である。

日本で下された判決を外国で承認、執行を許容してもらうためには、例えば、日本の裁判所の判決を中国で執行しようとする場合には、中国の裁判所の承認

と執行判決を受けなければならない。中国は外国判決の承認と執行に関しては，裁判所の判決を承認，執行するための相互の二国間協定を要件の1つに挙げられているが，日中間では二国間協定が締結されていない現状では，日本の判決は中国では承認，執行されない（大連市中級人民法院判，1994年11月5日）。反対に，中国で下された判決の日本での承認，執行に関しては，わが国の判決が中国では承認されていない現状では，民訴法118条4号の相互保証の要件を満たしているとは認められず執行できないとされる（大阪高裁判，平成15年4月9日）。

（2） 仲裁を選択する場合──仲裁条項

　仲裁を行うためには仲裁合意が必要である。仲裁合意とは，一定の権利関係に関する争いを仲裁人に委ねて，その仲裁人の判断に服する旨の書面による合意をいう。仲裁合意の形態には，仲裁付託合意（submission）と仲裁条項（arbitration clause）の2種類ある。仲裁付託合意とは，既に発生している紛争を仲裁に付託して解決する旨の合意をいう。仲裁条項とは，将来発生するかもしれない紛争を仲裁で解決する旨の合意をいう。国際契約では，契約書等に仲裁条項が規定されることが多い。

　仲裁を日本で，日本の仲裁機関である日本商事仲裁協会の商事仲裁規則に基づき仲裁を行うことを予定した英文仲裁条項例を以下に示す。

Arbitration Clause

"All disputes, controversies, or differences which may arise between the parties, out of or in relation to or in connection with this Agreement, shall be finally settled by arbitration in (name of city), Japan in accordance with the Commercial Arbitration Rules of the Japan Commercial Arbitration Association. The award rendered by such arbitrator (s) shall be final and binding upon the parties concerned."

仲 裁 条 項

　本契約からまたは関連して当事者間に発生することのある全ての紛争，論争または意見の相違は，日本商事仲裁協会の商事仲裁規則に従って日本国，（都市名）において仲裁により最終的に解決されるものとする。仲裁人により為された判断は最終であり，当事者を拘束するものとする。

27　末尾文言

　英文国際契約書の末尾文言は，通常，In Witness Whereof ……（上記の証として……）の文言から始まり，それぞれの当事者の代表者により署名，締結される趣旨の文言が記載して，当事者の署名に繋げる。末尾文言の表現および署名欄は以下の通りである。

"In Witness Whereof, both parties hereto have caused this Agreement in English and in duplicate to be signed by their duly authorized officers or representatives as of the day and year first above written."

　　ABC Limited　　　　　　　　　XYZ Corporation

By:　(signature)　　　　　　　　By:　(signature)
Name:　　　　　　　　　　　　　Name:
Title:　　　　　　　　　　　　　Title:

　上記の証として両当事者は正当に権限を有する役員または代表者に英語で正副二通，冒頭記載の年月日に署名，締結させしめた。

```
   ABC 株式会社                    XYZ 株式会社


   (署名)_____                   (署名)_____
   名前_____                 名前_____
   役職_____                 役職_____
```

28　署　名

　署名は，当事者が個人の場合は直接に個人が署名することで問題はない。個人の署名の見本を以下に示す。

---【署名その1：契約当事者が個人の場合】---
```
   By: (個人の署名)
   Name:_____
```

　会社の場合は，会社の名称を記載してその下に会社の代表者が署名したうえで，その署名者の資格を表示する。会社の名称を記載しないで，個人の署名だけの場合は，その署名が会社の署名であるのか，または個人の署名であるのかが明確でないために問題となることもあるので注意を要する。会社の場合の署名の見本を以下に示す。

---【署名その2：契約当事者が会社の場合】---
```
        ABC　Corporation
        By: (代表者の署名)
        Name:_____
        Title:_____
```

29　署名の証明

　一般の国際取引契約書では，通常，署名の証明は要求されない。特に重要な契約の場合は署名の真正性の証明を求められることがある。証明の方法には，会社内部の証明と外部による証明の方法がある。

（1）　会社の内部の者による署名の証明

　会社間の契約書の場合に，正当に契約書が作成されたこと，また正当に権限を有する会社の代表者により署名されたことを証明するために，会社の内部の者，通常は，秘書役（secretary），または総務部長が契約書の署名欄の側に以下に示すように"Attest"の文言を記して署名をする。なお，第三者が証明する場合は，通常，"Witness"の文言を記して署名をする。
　契約書の署名に内部の証明および会社印を押印する場合の見本を以下に示す。

―【署名その4：署名，押印，内部の者が証明する場合】―

　　ABC　Corporation
　By:_____　　　　　会社印（corporate seal）
　Name:_____
　Title:_____

　Attest:__(署名)_____
　　　　　Secretary

(2) 外部による署名の証明

外部による署名の証明は，諸外国では，通常，"Notary"（公証人）制度があり，Notaryの権限を有する者が署名および署名者の真正性を証明している。日本では公証人役場において公証人が私署証明を行っている。また，主要都市の商工会議所は，契約書の署名の証明を行っている。

（注）
1) UCC Sect.2-313:Express Warranties by Affirmation, Promise, Description, Sample; Remedial Promise. UCC Sect.2.314: Implied Warranty, Merchantability, Usage of Trade.
2) UNIDROIT Principles of International Commercial Contracts（PICC）：私法統一国際協会が国際商事契約のための一般的準則を定めるために作成されたものである。PICCは，モデル法ではなく，国際商事契約のための一般的規範を示すものであり，準拠法における適切な規範内容を確定することができない場合に，法の一般原則として，問題解決方法を提示し，補充的解釈の役割を果たし得るものである。
3) 国際裁判管轄法制部会資料（平成22年1月15日）：国際裁判管轄法制の整備に関する要綱案。
4) 「外国等に対するわが国の民事裁判権に関する法律」は平成21年4月24日に公布された。同法律は平成22年4月1日に施行されることになっている。同法律は，外国等に対してわが国の民事訴訟，民事保全・執行等を含む民事裁判権がおよぶ範囲，および外国等に係る民事の裁判手続についての特例を定めている。
5) 「民事又は商事に関する裁判上及び裁判外の文書の外国における送達及び告知に関する条約」（ハーグ送達条約）等。

第10章

英文代理店契約書の作成

　代理店は，契約締結権限の有無から，締約代理と媒介代理の形態に分類されるが，本章では，本人（売主）に代わって商品の販売の交渉を行い，注文を獲得するための媒介のみを行う媒介代理店で，かつ独占的代理店を前提に，一般によく規定される条項を取り上げて，英文例を交えて解説する。尚，代理店契約と販売店契約に共通して使用される条項である一般条項規定，紛争解決条項規定，末尾文言，署名は本章では取り上げない（「第9章　英文販売店契約書の作成」を参照願いたい）。

1　標　　題

　代理店契約の英文標題は，Agency Agreement（代理店契約），またはExclusive Agency Agreement（独占代理店契約），Non-Exclusive Agency Agreement（非独占代理店契約）等が記載される。

2　導　入　部

　導入部では、一般に、契約締結地、契約日、当事者の記述、説明条項、および導入部から契約書本文に入る繋ぎ文言が記載される。形式は販売店契約と同様であり、各事項の解説については第9章2（導入部）を参照願いたい。
　導入部の英文例は以下の通りである。

"This Agreement made and entered into at ＿＿＿ as of day of, 201- by and between ABC Limited, a corporation of Japan having a principal place of business at ＿＿＿＿ (hereinafter referred to as Principal), and XYZ Corporation, a corporation of ＿＿＿＿＿＿＿＿, having a principal place of business at (hereinafter referred to as Agent,

　　　　　　　　　　　　WINESSETH

　Whereas Principal desires to export and sell the Products in the Territory, and appoint Agent as its exclusive agent in the Territory under the terms and conditions hereof, and Whereas Agent is in a position to do agent business for Principal in the Territory and is willing to act as an exclusive agent for Principal under the terms and conditions hereof, NOW, THEREFORE, in consideration of the premises and the mutual covenants hereinafter set forth, the parties hereto agree as follows:"

――――――――――――――

　日本国の法人であり、その主たる営業所を＿＿＿＿＿＿に有するABC Limited（以下"本人"と称する）と＿＿＿＿＿＿の法人であり、その主たる営業所を＿＿＿＿＿＿＿＿＿＿に有するXYZ Corporation（以下"代理店"と称する）との間に201-__年___月___日に＿＿＿＿＿において締結された本契約は、以下のことを証する。

> 本人は領域に製品を輸出，販売することを望んでおり，本契約の条件に基づき，代理店を領域における本人の代理店に指名することを望んでいる，代理店は領域において本人の代理店の営業をする用意があり，本契約の条件に基づき，本人の代理店になることを望んでいる。
>
> よって，本契約の前述の事項および本契約に記載される相互の約束を約因として，本契約当事者は以下の通り合意する。

複数の代理店を指名することができる非独占代理店を指名する非独占代理店契約の場合に，1～2枚程度の簡単な契約書で済ますことがあるが，そのような場合には，導入部の規定に関して，当事者の記述を簡略にして，説明条項を記載しないで，直ぐに本文を規定する方法がとられることがある。簡略形式の導入部の英文規定を以下に示す。

> "This Agreement is made as of ＿＿ day of ＿＿, 201-, between ABC Limited of (principal place of business) (Principal) and XYZ Corporation of (principal place of business) (Agent), whereby the parties agree as follows:"
>
> 本契約は201-年＿＿月＿＿日に（主たる営業所の住所）のABC Limited（本人）と（主たる営業所の住所）のXYZ Corporation（代理店）との間で作成され，よって，当事者は以下の通り合意する。

3　定　　義

定義規定は，通常，契約書本文の冒頭に記載される。代理店契約書では，代理店の指名において，領域および契約製品の範囲を特定しておくことが重要で

あり，領域，契約製品の定義規定が設けられることが多い。定義の英文規定を以下に示す。

> Definition
> "In this Agreement, following terms are defined as follows:"
> 1　The Products are as defined in Schedule 1.
> 2　The Territory is as defined in Schedule 2.
>
> 定　　義
> 本契約において，以下の用語は以下の通り定義される：
> 1　製品は付表1で定義される通りである。
> 2　領域は付表2で定義される通りである。

4　代理店の指名

　代理店に付与する権利の形態から，独占的代理店（exclusive agent）と非独占的代理店（non-exclusive agent）に分類される。また，代理店の行為，権限の範囲により，媒介代理と締約代理（第Ⅰ編第2章1(2)を参照）に分類できる。代理店の指名においては，媒介代理か締約代理かを選択する必要がある。そして，製品の範囲および領域の範囲を特定したうえで，いずれの権利形態（独占，非独占）の代理店を指名するのかを契約書に明記しておくことが大切である。
　本章では，媒介代理の独占的代理店を前提としており，以下に媒介代理店（独占，非独占）を指名する英文規定を示す。

> Appointment
> "Principal hereby appoints Agent to be*「an exclusive」．「a non-

exclusive」 agent of Principal in the Territory for the marketing and the promotion of the sale of the Products to customers in the Territory and for the soliciting from such customers and transmission to the Principal of quotations or orders for the Products for the sale in the Territory."

指　名
　本人は，代理店を領域において製品を顧客に販売するために市場開発および販売促進する，また，領域において販売するために顧客を勧誘し，販売する製品の引き合いまたは注文を本人に転送する，領域における本人の＊「独占的」，「非独占的」代理店に指名する。
＊「独占」，「非独占」のいずれかを選択。

5　本人の独占領域の保護義務

　代理店契約に基づき代理店に独占的代理権 (exclusive agency right) を付与した場合，代理店に独占権を付与した本人は，独占領域において他の代理店，販売店，販売会社などを置いてはならない義務，また，原則的に独占領域に対しての製品の販売をしてはならない義務を負うことになる。これに対して非独占代理権を付与した場合は，本人は領域において複数の代理店を置くことが可能であり，また，本人も領域へ直接に契約製品を販売することができる。
　独占的代理権を付与する場合，通常，本人の代理店に対する独占領域保護の確認規定が置かれる。
　独占的代理権許諾による売主の義務の英文条項規定を以下に示す。

Principal's Obligation
"Principal shall not appoint any person or entity as distributor or agent

other than Principal in the Territory for distributing, selling the Products, nor shall directly offer, sell or export the Products to the Territory through other channel than Agent."

<u>本人の制約</u>
　本人は，契約製品の販売に関して，領域において，代理店以外のいかなる自然人または法人も販売店または代理店に指名しないものとし，また，本人は，代理店以外の他のチャネルと通して領域に契約製品の販売，販売申込み，輸出をしないものとする。

6　代理店の競業避止義務

　独占的代理店契約では，独占的代理店が契約製品の注文獲得に専念することにより，契約製品の販売，促進がされる。契約製品の販売量が減少する原因に，独占的代理店が契約製品以外の類似の製品を扱っていることが少なからずある。代理店は，相互信頼義務，代理店の誠実，忠実義務から，また競業避止義務を[1]負っていると解されるが，準拠法により解釈も異なるので，競業避止義務規定を設けて，代理店の重要な義務として，合意，確認しておくべきである。
　競業避止義務の英文規定を以下に示す。

<u>Restriction of Handling Competitive Products</u>
　"Agent shall not during the continuance of this Agreement market or promote or assist or advise in the marketing, promoting or selling of any products which would or could compete or in any way interfere with the sale of the Products within the Territory."

競業避止義務
　代理店は本契約期間中領域内において契約製品の販売と競合する。または如何なる場合にも衝突する可能性のある如何なる製品の取引，販売促進または協力または取引，販売促進，販売のアドバイスをしてはならないものとする。

7　代理店の領域外販売活動の制約

　代理店の製品販売獲得活動の領域を特定することで，領域以外の地域での販売獲得活動を禁止していると解されるか否かについては，原則として，特約の無い限りは，代理店の領域外販売獲得活動は制限されていないと解されている。代理店の領域外での活動を制限，禁止したい場合は，契約書に領域外販売活動の制約規定が必要となる。
　領域外販売活動の制約の英文条項規定を以下に示す。

Restriction on Sales Activities outside Territory
"Agent shall not during the continuance of the Agreement market or promote the sale of the Products to customers resident or carrying on business outside the Territory, nor solicit from such customers requests for quotations and orders for the Products. Agent shall refer to Principal any inquiry or order which Agent may receive from the customers outside the Territory."

領域外販売活動の制約
　代理店は本契約期間中領域の外に居住するまたは営業を行っている顧客に対して契約製品の販売促進活動をしてはならないし，かかる顧客に対し

て契約製品の引き合い,注文の要請をしてはならないものとする。
　代理店は領域外の顧客から入手する引き合い,注文を本人に照会するものとする。

8　代理店の指示遵守義務と権限踰越行為の制限

　代理店契約の下での契約当事者関係は本人と代理人の関係であり,代理店が第三者に対する行為の結果責任は,本人が負担することになる。代理店は常に本人の指示に従って,領域における製品の販売促進,注文の獲得のために顧客と交渉を行わなければならない。また,代理店が授権範囲を越えての行為を第三者にした場合,例えば,代理店が本人の承認を得ずに第三者に何らかの保証をした場合,その結果責任が本人に及んでくるリスクもある。これら,代理店の権限踰越行為は,本人にとり非常に重要な影響を及ぼす事項であるので,契約書に明文規定を設けるべきである。
　代理店の権限踰越行為の制約,指示遵守義務の英文条項規定を以下に示す。

【その１：権限踰越行為の制約】

Prohibition of Act in excess of Agent Authority
"Save as expressly authorized by Principal in writing, Agent shall not incur any liabilities on behalf of Principal nor pledge the credit of Principal nor make any representations nor give any warranty on behalf of Principal."

代理店の権限踰越行為の制限
　書面により本人から明示的に権限を与えられない限り,代理店は本人に代わって如何なる義務も負ってはならない,また,本人に代わって本人の売掛代金を担保に供しないものとし,如何なる表示,また保証も本人に代

わって行わないものとする。

---【その2：代理店の指示遵守義務と権限踰越制限】---

Obligation of Conformity with Instructions by Principal

"Agent shall strictly conform with all instructions given by Principal to Agent from time to time and shall not make any representation, warranty, promise, contract, agreement or do any other act binding Principal. Principal shall not be held responsible for any and all acts or failures to act by Agent in excess of or contrary to such instructions and Agent shall protect, defend, indemnify and reimburse Principal for and from any and all claims, debts and liabilities resulting from any and all such acts or failure to act by Agent in excesses of or contrary to such instructions."

本人からの指示遵守義務

　代理店は本人から代理店に対して随時与えられる全ての指示に従うものとし，本人を拘束する如何なる表示，保証，約束，契約，合意，または他の如何なる行為をしないものとする。本人はかかる指示を越える，または反する代理店の如何なる行為または不作為に対して責任はないものとし，代理店は，かかる指示を越えるまたは反する代理店の如何なる行為または不作為の結果として生じるいかなる請求，負債，債務に対しても本人に補償しかつ償還するものとする。

9　注文の受諾，売買契約

　媒介代理店は，本人のために顧客から注文獲得のための媒介，仲介を行うが，売買契約は本人と顧客との間に締結される。顧客との関係において，売買契約

の権利，義務の主体となるのは本人であるので，媒介代理店が獲得した注文は必要な情報，資料とともに直ちに本人に送付されなければならない。

　代理店から送付を受けた顧客からの注文を受諾するか，拒絶するかは本人の選択において決定することを条件としておくことが大切である。また，本人と顧客との間に締結される売買契約の契約書フォーム，基本的条件を使用する場合には，代理店に対して，顧客に注文を勧誘する場合に，これらの契約書フォーム，契約条件等を顧客に示すことを代理店の義務として，契約書に明記しておくべきである。

　注文の受諾と売買契約に関する英文条項規定を以下に示す。

<u>Accepting Orders and Sales Contract</u>

"Agent shall forward immediately to Principal any order received by it, for its acceptance and rejection. Upon acceptance of orders by Principal, Principal shall issue a written form of Sales Contract attached hereto stipulating necessary terms and conditions with modifications made by Principal, and sales contract are executed between Principal and such customer in accordance with such terms and conditions.

Agent shall, in soliciting orders, inform each customer of the terms and conditions of such contract form and that any order shall be subject to the acceptance by Principal."

<u>注文の受諾および売買契約書</u>

　代理店は，代理店が取得した如何なる注文も，本人の承諾または拒絶のために，直ちに本人に回付するものとする。本人が注文を受諾する場合は，本人は，必要諸条件と本人による修正を加えた本契約書に添付する売買契約書フォームを発行し，売買契約は本人と顧客との間にかかる条件で締結される。

　代理店は注文の勧誘をする場合は，各顧客に対してかかる契約書フォー

ムの条件，および注文が本人の承諾を条件とされることを知らせるものとする。

10　販売促進，履行保証義務

　独占的販売代理店契約では，通常，独占的代理店に対して，契約製品の販売促進の努力義務，また販売促進努力の結果としての具体的数値の努力目標，または保証を求める。契約条項の起案において，努力目標条項（make efforts clause）は，保証条項（guarantee clause）と比較して，契約上の義務の程度が異なることに注意しておかなければならない。保証条項は契約上の義務規定として履行されない場合，契約違反は明確である。これに対して，努力目標条項は契約上の義務規定としては不明瞭であり，努力目標数値未達成の場合でも契約違反を問うことが難しい。契約条項の起案において英文表現に注意しておかなければならない。

　履行保証義務の英文条項規定を以下に示す。

> Sales Promotion and Guarantee of Due Performance
>
> "Agent shall exert its best efforts in promoting the sales of the Products in the Territory.
>
> Agent shall guarantee to Principal the due performance by any customer or customers of contracts that they have entered into with the Principal as a result of Agent's activities under the Agreement. Such guarantee shall be separately made agreement in writing between the Principal and Agent in a form to be agreed."

> 履行保証
> 　代理店は領域において製品の販売を促進する最善の努力を行使するものとする。
> 　代理店は本契約に基づく代理店の活動の結果，本人と締結される顧客の獲得を本人に保証する。かかる保証は本人と代理店との間で合意される書式で別途合意書が締結されるものとする。

11　代理店の情報提供，活動報告義務

　海外市場，海外代理店の情況把握は，国内取引と異なり営業マンが常に代理店を訪問して市場状況や代理店の様子をチェックすることができない。独占領域での代理店の活動報告また当該市場の情報の本人に対する提供は，遠く離れた市場および代理店の活動を把握するための貴重な情報となる。
　代理店の情報提供義務規定に関する英文条項規定を以下に示す。

> Report of Agent's Activities
> "Agent shall pass on promptly to Principal all information useful for the business of Principal including that relating to marketing sales prospects, competitors' activities and unauthorized use by third parties of Principal's trademarks, patents or other intellectual property rights. Agent shall send to Principal a written report each month relating to Agent's activities covered under the Agreement."
>
> 代理店の活動報告
> 　代理店は市場販売予測，競業者の活動，および本人の商標，特許，他の知的財産権の第三者による不正の使用に関する情報を含み本人の営業に有

益なあらゆる情報を直ちに本人に提供するものとする。代理店は，本契約に包含される代理店の活動に関する書面報告を毎月，本人に送付するものとする。

12　代理店の誠実義務

　代理店の本人に対する義務は，契約において課せられる義務，および法定上の義務がある。法定上の義務は，それぞれの国の法律により異なるが，基本的な義務として，代理店は，本来，代理店契約の遂行において，本人の為に忠実かつ誠実に活動し，また本人の指示に従い誠実に行動しなければならない義務を負っている。契約実務では，通常，契約書に代理店の誠実義務規定が設けられる。

　代理店の誠実義務の英文条項規定を以下に示す。

Good Faith

"Agent shall serve Principal as agent on the terms of this Agreement with all due and proper diligence, observe all reasonable instructions given by Principal as to its activities and use its best efforts to increase the sale of the Products in the Territory."

代理店の誠実義務

　代理店はこの契約の条件に関して，代理店として誠実に本人の為に活動しなければならない。また，代理店の活動において本人からの合理的な指示に従い，領域における製品の販売促進のために最善を尽くさなければならない。

13　代理店の守秘義務

　代理店に対して業務の過程で知り得た営業上の秘密を他に漏らしてはならない，また代理店の自己のために使用してはならない義務を負わせることは大切である。最近では，製品に関する技術情報，企業の営業上の情報は営業秘密としての秘密保護管理が重要となるので，契約書に守秘義務規定を設けて営業秘密の保護管理は重要である。以下に代理店の守秘義務規定を示す。

Confidentiality

"Agent shall keep strictly confidential, not disclose to any third party and use only for the purpose of this Agreement all information relating to the Products and to the affairs and business of Principal disclosed to Agent by Principal."

秘密保持

　代理店は製品に関するあらゆる情報および本人から代理店に開示された業務，営業上の情報を厳格に秘密に保持し，第三者に開示しないものとし，本契約の目的にのみ使用するものとする。

14　代理店の費用負担

　代理店の活動において発生する販売活動，事務所維持，通信，交通費などの経費について，代理店自身が負担するべきか，それとも本人が負担するべきかが問題となる。販売活動から発生する上述の経費については，当事者の費用分

担を明確にすることが大切である。一定の経費をまとめて毎月本人から代理店に送金することも少なからずある。そのような場合は，充当される経費の項目を明確に取り決めておくべきである。

代理店が諸経費を負担する英文条項規定を以下に示す。

Expenses

"Agent shall maintain and provide at its own expense and to a reasonable satisfaction of Principal such offices and other premises, administration facilities and marketing organization as may be necessary for the efficient and effective performance of its obligation under this Agreement."

経　　費

代理店は自己の費用でまた本人が合理的に満足のいく範囲で，本契約に基づく義務に関して，効果的な履行に必要な事務所，他の管理施設，マーケティング組織を維持し，提供するものとする。

15　代理店への販売促進に関する情報，材料の提供

代理店が製品の販売促進，獲得のための活動を行うための，販売促進，獲得に必要な情報，材料等が，通常，本人から代理店に提供される。販売促進に関する情報，材料の提供に関する英文条項規定を以下に示す。

Supply of sales material

"Principal shall supply to Agent free of charge a reasonable quantity of sale literature, all other necessary documentation relating to the Products and all other information which is necessary to enable Agent to perform it duties hereunder to Principal."

販売資料の提供
本人は製品に関する合理的な数量の文献，他の全ての書類，および本契約に基づく本人のための義務を代理店が履行することを可能にするために必要な他の全ての情報を無償で代理店に提供するものとする。

16　代理店への手数料の支払い

　代理店が本人のために活動する，商品の売買の代理，仲介，媒介サービスの提供に対する報酬は，本人から代理店に支払われる手数料（Commission）である。代理店契約の本人の基本的義務に，代理店への代理手数料（Agent Commission）の支払い義務がある。代理店への手数料の発生時期，手数料の料率，支払い時期，報告書の提出義務などが契約書に規定される。代理店への手数料発生時期は，他に契約書に規定が無い場合は，原則として，代理店によって獲得された顧客との間の製品の売買契約が本人との間に成立した時である。契約書には，通常，手数料発生時期については，本人の立場から，「本人が注文代金を顧客から受領した後」とする規定が置かれる。
　代理手数料に関する英文条項規定を下記に示す。

Commission
"During the term of this Agreement, Principal shall pay to Agent a commission at the relevant percentage set out below upon the net invoice prices of all Products sold to customers in the Territory under orders received from Agent:

Products:

Percentage:

Commission shall become due and payable to Agent as soon as Principal has received the full order price from the customers."

手　数　料

本契約期間中，本人は代理店に対して，代理店から受領する注文に基づき，領域において販売された全製品の純送り状価格に基づき下記の料率の手数料を支払うものとする。

製品：

料率：

手数料は本人が顧客から全注文代金を受領したときに支払われるべきものとする。

代理手数料の代理店へ支払は，通常，一定期間毎，例えば，毎月，四半期，半年毎に，手数料の報告書の提供に基づき支払われる。

手数料の支払い時期，手数料報告書の提出に関する英文条項規定を以下に示す。

Payment of Commission

"Principal shall supply Agent with a statement of all commissions due hereunder not later than the last day of the month following the quarter in which such commission have become due, and shall remit such commission to the bank account to be designated by Agent by Telegraphic Transfer."

手数料の支払い

本人は四半期に発生した手数料を遅くとも次の月の最終日に全手数料を

記述した報告書を代理人に提出し，かかる手数料を代理店が指定する銀行口座に電信為替で送金するものとする。

17　契約期間と延長，更新

　代理店契約書には，通常，契約期間の規定と延長に関する規定が設けられる。契約期間は，契約の発効日（契約日）を特定して，最初の契約期間を設定する。最初の契約期間満了以後は，契約延長，更新規定が設けられる。契約延長，更新規定の方式は，一方当事者の終了通告がない限りは毎年自動的に更新させる自動更新方式と，契約満了前に当事者が事前に協議して延長合意ができた場合に更に一定期間延長される協議延長方式がある。

　契約期間と自動延長方式の英文条項規定を以下に示す（協議延長方式は，「第９章21　協議延長方式の英文規定」を参照願いたい）。

【契約期間，延長】

Duration and Renewal

"This agreement shall commence on and from the date and year first above written hereof, and, thereafter, unless earlier terminated under the articles herein provided, shall continue in valid for ＿＿＿＿ years.

This Agreement shall automatically extended on a year to year basis unless either party shall give the other written notice of its intention to terminate this Agreement at least ＿＿＿＿ days prior to expiration of the initial term of this Agreement and/or its extension."

期間と延長

　本契約は本契約の冒頭記載の年月日に始まり，本契約書中に規定される条項に従い早期に解約されない限りは，＿＿＿＿年間有効に存続する。本契

約は本契約の最初の期間またはその延長期間満了の少なくとも ＿＿ 日の以前に本契約の解約の意図を書面で相手当事者に通知しない限りは，自動的に一年毎に更新されるものとする。

18 中途解約

　契約の中途に解約する場合は，解約するための事由が必要であり，何ら事由も無く一方的に解約することは難しい。特に，代理店契約等は当事者間の信頼関係をベースに長期に継続する契約であり，正当な事由のない一方的解約は紛争の原因となる。また，代理店保護法の下でも，合理的，正当な事由を原因とする中途解約，契約更新の拒絶は，通常認められている。どのような事態が解約原因となるかが重要であるが，通常，一方当事者の不履行，契約違反，また，破産，倒産等の特定事由の発生が挙げられる。
　契約書に，中途解約規定を設けて，解約事由と解約の方法を具体的に取り決めておくことは大切である。
　中途解約の英文条項規定を以下に示す。

Early Termination

"Either party may terminate forthwith this Agreement by giving written notice to the other:"
1) If either party fails to perform any of its liabilities hereunder and fails to cure such defaults within sixty (60) days after service of notice from the other party requiring correction thereof:
2) If any one of the following events occur to the other part;
    (1) appointment of a trustee or receiver for all or any part of the assets or property of the other party,

(2) insolvency or bankruptcy of the other party,

(3) dissolution or liquidation of the other party by resolution or by law,

(4) substantial change of management or suspension of business of the other party, or assignment of its assets or business to any third party, whether voluntarily or by compulsion of law.

<u>中途解約</u>

当事者のいずれか一方の当事者は,他方当事者に対して書面の通知により本契約を直ちに解約することができる；

1) いずれか一方の当事者が本契約に基づく義務を履行しない場合に,他方当事者からのその不履行の治癒の要請通知後60日以内にかかる不履行を治癒しない場合；

2) 以下の事項の1つでも他方当事者に発生した場合；

　(1) 他方当事者の財産または資産の全てまたは一部に対する破産管財人または収益管理人の任命

　(2) 他方当事者の破産,倒産

　(3) 議決,または法律による他方当事者の解散または清算

　(4) 任意または法律上の強制であれ,他方当事者の経営の実質的変更または営業停止,または資産または営業の譲渡

19　終了に伴う代理店の手数料の処理と補償

（1）　終了時における手数料の処理

　代理店契約の終了時において代理店に支払うべき手数料に関して，契約終了時以前に顧客との間に締結された代理店が獲得した注文に対する手数料は代理店に支払わなければならない。

　代理店の活動，努力により契約終了以前に注文が確保され，契約終了以後に契約が締結された注文に対する手数料を代理店に支払わなければならないか否かが問題となる。代理店の活動，努力の結果として契約が締結され，履行される注文であるので，原則，代理店に支払われるべき手数料であると解されるが，上記のような問題を避けるために，明文規定が置かれることがある。

　契約終了後に締結された終了前の注文に対する手数料の英文規定を，以下に示す。

Commission after termination of this Agreement

"If Agent's efforts result in orders being placed before the termination of this Agreement but only concluded after termination of this Agreement, commission shall be payable to Agent."

契約終了後の手数料

　代理店の努力の結果本契約終了前に為された注文で，本契約終了後に締結された場合，手数料は代理店に支払われるものとする。

---

(2) 契約終了に伴う代理店への補償

　代理店契約の終了に伴い，代理店が本人のために築き上げてきた商権，暖簾等の補償請求が代理店から本人に為されることがある。多くの代理店保護法には，代理店の補償請求は法律上の権利とされている。本人の立場からは，代理店の補償請求を免れること，または代理店への補償を最低限の範囲に留めることが望まれる。

　代理店契約書には，本人の立場から，代理店に対する補償に関して次のような対応の規定が考えられる。
① 　本人には代理店の補償責任は無い旨の規定，または，
② 　代理店に対する補償の範囲を制限する規定（例えば，補償の範囲については，当該代理店の過去の実績から，一年間の平均的報酬を補償の限度とする）を設けることが考えられる。

　代理店の終了に関連して，代理店保護法のなかには，代理店に対する本人の補償義務に関する規定が設けられているが，その規定が強行規定である場合，代理店保護法に規定される補償義務内容を当事者間で修正，変更ができないこと，また，そのような修正，変更された規定は法律上無効であることに留意しておかなければならない。

　補償免責の英文規定を以下に示す。

Exemption of Compensation

"Principal shall not be liable to Agent because of termination of or refusal of extension of this Agreement, for any compensation, damages on account of present or prospective profits on sales or anticipated sales or on account of expenditures, investment or commitments made in connection with the business of Agent in any manner."

> 補償免責
>
> 本人は本契約の解約または本契約延長の拒絶の結果，販売または販売の見込みにおける現在のまたは見込みの利益の理由とする，またはいかなる方法においても代理店の営業に関連して為される出費，投資または行為の理由とする如何なる補償，賠償に対しても代理店に責任を負わないものとする。

20 他

　代理店契約書には，前述した主要条項規定の他に，一般条項規定（不可抗力条項，通知条項，譲渡条項，権利不放棄条項，分離条項，標題条項，言語条項，完全合意条項），また，紛争解決条項規定（準拠法条項，裁判管轄条項，仲裁条項），末尾文言，署名が記載されるが，これらの英文規定は販売店契約書と共通した規定であるので本章では取り上げない。これらの条項規定については，「第9章　英文販売店契約書の作成」を参照願いたい。

（注）
1)　商法28条（代理商の競業禁止）：代理商は，商人の許可を受けなければ，次に掲げる行為をしてはならない。
　一　自己又は第三者のためにその商人の営業の部類に属する取引をすること。
　二　その商人の営業と同種の事業を行う会社の取締役，執行役又は業務を執行する社員となること。

第Ⅳ編

国際商事仲裁
―仲裁合意と仲裁条項の起案―

　国際取引では紛争解決手段として，国際商事仲裁が活用されており，契約書に仲裁条項が挿入されるケースが多い。不適切，不備な仲裁条項は，紛争解決の障害となり，手続上のトラブル発生要因となる。本編では，仲裁合意，仲裁条項の起案を中心に解説する。

第11章

国際商事仲裁

1　仲裁の意義，特質と国際性

　仲裁は，当事者間に発生する紛争を当事者が合意により選任する公正，独立な第三者（仲裁人）にその解決を委ねて，その仲裁人が下す判断（仲裁判断）に当事者が服従することで解決する強制的解決手段である。仲裁判断は法律により確定した判決と同一の効力が認められている。[1]

　仲裁の特質としては，①仲裁は当事者間の仲裁合意が不可欠であること，②仲裁手続および仲裁判断は原則として非公開であり，秘密性が保持されること，③仲裁は一審制であり，仲裁判断は当事者間において最終で確定したものであること，④仲裁人には，当事者の合意によって専門的な知識と経験有する者を選任することができること，⑤他に，仲裁手続の柔軟性，経済性，迅速性などが挙げられる。

　国際商事紛争解決で必要とされる「国際性」の観点から訴訟と仲裁を対比すると，以下の仲裁の「国際性」がみられる。

（1） 使用言語，審理場所，仲裁人の国籍の国際性

仲裁では，当事者が合意により，使用言語，仲裁地および審理場所，また仲裁人の国籍を，例えば，当事者と異なる国籍の仲裁人をフレキシブルに決めることができる。

これに対して，裁判では，裁判官の国籍，使用言語などは制約される。外国文書などの証拠は翻訳が必要となる。[2]

（2） 手続開始の安定性，容易性

仲裁では，仲裁合意が必要であるが，開始段階での管轄問題や送達問題はあまり起こらない。仲裁申立の通知は，当事者または仲裁機関から外国の当事者に直接郵便などで送付される。

これに対して，訴訟では，裁判所での手続開始の段階で，国境を越える国際商事紛争に関して，訴訟申立を受けた裁判所が果たして裁判管轄権があるのか否か，国際裁判管轄問題が常に発生する。訴状，召喚命令など外国当事者への送達には外国の公館，司法機関などの協力が必要となり，例えば，領事館などから送達先国の司法機関などの一定のルートを経由して送達されるので，送達に相当の時間を要することになり，手続を遅らせる原因となる。

（3） 中 立 性

仲裁は，当事者自治，当事者により選任され，構成された仲裁廷の自治による解決であり，仲裁人の国籍における国際性から，仲裁手続および仲裁判断の国際的標準，中立性が保たれる。

これに対して，裁判は，各国の内国裁判所に持ち込まれることになり，また裁判官もその国の国籍の裁判官となり，裁判手続，判決において，国家的バイアスが存在する懸念があり，判決，手続の国際的標準，中立性に不安がある。

（4） 国際的強制力の安定性

　仲裁は，「外国仲裁判断の承認及び執行に関する条約」（ニューヨーク条約1958年：世界143カ国が加盟）により，仲裁判断の国際的強制力（執行性）が保証されている[3]。ニューヨーク条約に基づく外国仲裁判断の執行例は世界で数多くある。

　これに対して，裁判は，外国判決の承認，執行に関する国際条約がなく，国内法により一定の要件を具備した外国判決について承認し，執行を認めるが，外国判決の承認要件は厳しく，また不安定である。

2　仲　裁　合　意

（1）　仲裁合意の意義とその効果

　仲裁合意とは，既に生じた民事上の紛争または将来において生ずる一定の法律関係（契約に基づくものであるかどうかを問わない）に関する民事上の紛争の全部または一部の解決を1人または2人以上の仲裁人に委ね，かつ，その判断に服する合意をいう。

　既に生じた紛争の解決を仲裁人に委ねる合意を仲裁付託契約（submission）という。将来において生ずる紛争の解決を仲裁人に委ねる合意を仲裁条項（arbitration clause）という。

　仲裁合意の効果に，当事者間における裁判権排除の効果がある。仲裁合意の対象となる紛争について，一方の当事者により裁判所に訴えが提起された場合，被告となる他方の当事者は，仲裁合意の抗弁により，当該裁判の却下，もしくは停止を申し立てることができる。受訴裁判所は当該申立により，当該訴訟を

却下，もしくは停止をしなければならない。これを仲裁合意の妨訴抗弁というが，日本国仲裁法（以後，仲裁法）14条1項，またニューヨーク条約2条3項に明文規定が置かれている[4]。

事例9：日本の売主A社とニューヨークの販売店B社との間に交わされた独占的販売店契約書に仲裁条項が挿入されていた。売主からの販売店契約の更新拒絶に対して，販売店B社は，A社による販売店契約の更新拒絶は不当であるとして，Aに対して損害賠償を求めてニューヨーク連邦地裁に訴訟を提起した。売主A社は受訴裁判所に仲裁条項の妨訴抗弁を提起し，訴訟手続の停止，および仲裁への移行命令を求めた。受訴裁判所であるニューヨーク連邦地裁は，当該仲裁条項が有効，適格であるとして，当該訴訟手続を停止し，仲裁に付託する命令を出した。結果として，訴訟を取り止めて，仲裁で最終的に解決されることになった。

事例9のように，販売・代理店契約に仲裁条項が規定されていて，一方の当事者がその契約から発生する紛争の解決を裁判所に提訴して，妨訴抗弁の申し立てにより訴訟手続が停止，または，却下される事例は数多くある[5]。

（2）　仲裁合意の方式

仲裁法13条では，仲裁合意は書面でなされなければならないとされており，①当事者の全部が署名した文書，例えば，契約書に規定される仲裁条項，②当事者が交換した書簡または電報，ファクシミリなどによる合意，③e-mail等による電磁的記録による合意文面，④書面による契約において仲裁条項にある文書を契約の一部として引用している場合等が挙げられる。

（3）　仲裁合意の範囲と仲裁適格性

仲裁合意に基づき，仲裁に付託する紛争の範囲は当事者が仲裁合意した範囲に限られる。例えば，仲裁条項の規定で，「この契約から又はこの契約に関連

して、当事者の間に生ずることがあるすべての紛争、論争又は意見の相違は、」の部分が仲裁付託範囲の紛争ということになる。仲裁合意をした範囲外の紛争についての仲裁判断は取り消し、無効の原因となる。

　仲裁で解決できる紛争の範囲（仲裁適格が認められる紛争の範囲）は、仲裁法では和解可能性の有無を基準としている。例えば、仲裁法13条1項では、「当事者が和解することができる民事上の紛争（離婚、離縁の紛争は除く）を対象とする」旨規定されている。

　仲裁で解決できる紛争の範囲は、各国の対応、解釈は異なる。最近の国際取引で問題となる、例えば、独禁法上の紛争や知的財産権の内で特許の有効性を巡る紛争は、日本では仲裁には適さないと解されている。これに対して、アメリカ、スイス等の国では、仲裁の対象となる範囲は広く認められており、特許紛争も独禁法上の紛争も仲裁で解決することができる。

（4）　仲裁合意の分離、独立性

　仲裁条項は、通常、主たる契約書に規定されているので、主たる契約書に付随する条項規定であると考えられがちであるが、仲裁条項は主たる契約からは独立した契約である。

　仲裁条項が規定された契約書に瑕疵があるとして無効となった場合、また、何らかの理由で契約が解約された場合、無効とされた、または解約された主たる契約書に付随して仲裁条項も無効となるのか否かが問題となる。

　事例10：ライセンス契約から発生するロイヤルティの計算、支払いを巡る紛争で、当該ライセンス契約を解除して、東京地方裁判所に提訴した紛争について、被告となる当事者から仲裁条項の妨訴抗弁が提起され、契約書中の仲裁条項の当該契約書からの分離、独立性を巡り仲裁条項の有効性が争われた。判決では、仲裁法13条6項が引用され、仲裁合意を含む一の契約において、仲裁合意以外の契約条項が無効、取り消しその他の事由により効力を有しないものとされる場合においても、仲裁合意は、当然には、その効力を妨げられないとし

て，妨訴抗弁を認めて，当該訴訟が却下されている[6]。

事例10でみられるように，仲裁条項が設けられている主たる契約の無効，解除に関連する争いが裁判所に提起され，被告から仲裁条項の妨訴抗弁の申立により，主たる契約と仲裁条項の関係が争われることがあるが，仲裁条項の分離，独立性は広く認められており，仲裁法には13条6項に明文規定が設けられており，また判例もこれを支持している。

3　仲裁判断の効力と取り消し

仲裁判断は1名の単独仲裁人か複数（2当事者間の場合は3名）により構成される仲裁廷により為される。仲裁廷は，別段の合意（書面のみによる審理手続きの合意）が無い限り，当事者に証拠の提出，意見の陳述，証人尋問をさせるために口頭審理を実施して，当事者の主張，立証を聞いて，結審をしたうえで，複数の仲裁人により構成された仲裁廷の場合は，合議のうえ多数決で仲裁判断を下す。仲裁判断は判決のように言い渡しではなく，書面で作成され仲裁人が署名をして当事者に送付される。仲裁判断は当事者間において最終であり，確定判決と同一の効力を有する。

仲裁判断は一審で確定し，仲裁判断の内容に不服であっても上訴できない。仲裁手続きに瑕疵がある場合，または仲裁判断の内容が公序良俗に反する場合には，当事者は仲裁判断の取り消しを裁判所に申し立てることによって，仲裁判断が取り消される。

仲裁法の下では，裁判所に対する取消の申立は，仲裁判断の通知がなされてから3カ月以内で，仲裁判断の執行決定がなされる前とされる（仲裁法44条）。仲裁判断の取消事由は，以下の通りである。

①　当事者能力の制限による仲裁合意の無効
②　当事者能力の制限以外の事由による仲裁合意の無効

③ 仲裁人の選任手続，仲裁手続に必要とされる通知の欠如
④ 仲裁手続につき当事者の防御不可能
⑤ 仲裁合意，仲裁手続の範囲を超える事項の判断
⑥ 仲裁廷の構成または仲裁手続の当事者の合意，法令違反
⑦ 仲裁適格を欠く仲裁判断
⑧ 仲裁判断の内容の公序良俗違反

4 仲裁判断の承認と執行

　仲裁判断の効力について，仲裁法の下では，仲裁地が国内にあるか（国内仲裁判断），外国にあるか（外国仲裁判断）を問わないとして，確定判決と同一の効力を有する（仲裁法45条）。

　仲裁判断に従って任意履行が無い場合は，民事執行制度を利用して強制執行の手続を採らなければならない。仲裁法の下では，仲裁判断に基づく民事執行をするためには，執行決定がなければならないとしている（仲裁法45条）。執行決定手続では，口頭弁論を要件とし，三審性を採る判決手続とは異なり，審尋性を採っており，決定不服は即時抗告となり，手続に要する時間が判決手続より大幅に短縮されることになり，容易，迅速な手続となる。諸外国においても，仲裁判断の承認と執行に関しては，執行決定の手続を採用している国が多い。

　仲裁判断の執行決定の手続について，仲裁法46条で明確な規定を置いている。仲裁判断に基づき民事執行をしようとする当事者は，債務者を被告として，裁判所に対し，執行決定を求める申立をすることができるとしている。また，民事執行の申立をするときは，仲裁判断の写し，謄本証明，日本語以外の言語の場合には翻訳文を提出しなければならないとしている。仲裁判断の執行申立手続は，外国仲裁判断の承認及び執行に関する条約（ニューヨーク条約1958年）

の4条に同様の規定があり、諸外国でも同様の申立手続を採用している国が多い。

　裁判所は、被告の証明に基づき仲裁判断の承認の要件を具備していない場合等、執行拒絶事由があると認める場合は、執行決定の申立を却下することができるとしている（仲裁法46条）。執行拒絶の事由は、仲裁判断が裁判所により取り消され、もしくは効力を停止されたこと（仲裁法46条3項）以外は、仲裁判断の取消事由と実質的に同様である。

5　ニューヨーク条約に基づく外国仲裁判断の承認と執行

　仲裁法では、仲裁判断の承認、執行に関して、国内仲裁判断、外国仲裁判断に適用される規定となっている。外国仲裁判断の承認、執行について、仲裁法とニューヨーク条約との関係が問題となるが、条約の規定は国内法に優先して適用されるので（憲法98条2項）、ニューヨーク条約に基づく外国仲裁判断の承認、執行はニューヨーク条約が適用される。仲裁法の規定は、外国仲裁判断の承認、執行に関する条約が存在しない場合に適用されることになる。例えば、台湾で下された、外国仲裁判断は、条約が存在しないので、仲裁法の規定が適用されることになる。

　国際商事仲裁に関して、日本は、ニューヨーク条約以外にも、仲裁条項に関するジュネーブ議定書、外国仲裁判断に関するジュネーブ条約に加盟している。これ等の条約はニューヨーク条約の締約国間においては効力を失い、ニューヨーク条約が適用される（ニューヨーク条約7条2項）。日本と相手国との間で仲裁判断の承認と執行に関する条項規定を盛り込んだ二国間同盟条約を締結している。例えば、日米友好通商航海条約他18カ国ある。当該二国間同盟条約は、ニューヨーク条約の影響を受けないで、当該条約に基づく外国仲裁判断の承認、執行が可能となる[7]。

(注)

1) 仲裁法45条（仲裁判断の承認）1項「仲裁判断（仲裁地が日本国内にあるかどうかは問わない）は，確定判決と同一の効力を有する。ただし，当該仲裁判断に基づく民事執行をするには，次条の規定による執行決定がなければならない。」
2) 民事訴訟規則138条（訳文の添付等）1項「外国語で作成された文書を提出して書証の申出をするときは，取調べを求める部分についてその文書の訳文を添付しなければならない。……」
3) 外国仲裁判断の承認及び執行に関する条約（ニューヨーク条約1958年）3条「各締約国は，次の諸条に定める条件の下に，仲裁判断を拘束力のあるものとして承認し，かつ，その判断が援用される領域の手続規則に従って執行するものとする。……」
4) 仲裁法14条1項（仲裁合意と本案訴訟）「仲裁合意の対象となる民事上の紛争について訴えが提起された時は，受訴裁判所は，被告の申立により，訴えを却下しなければならない。……」
   ニューヨーク条約2条3項「当事者がこの条にいう合意した事項について訴えが提起されたときは，締約国の裁判所は，その合意が無効であるか，失効しているか，又は履行不能であると認める場合を除き，当事者の一方の請求により，仲裁に付託すべきことを当事者に命じなければならない。」
5) 例えば，日本の最高裁判決：リング・リング・サーカス事件（最判平成9年9月4日，民集51巻ハ号），米国の最高裁判決：Mitsubishi Motor Corp. v. Solar Chrysler Plymouth Inc., 473 US614, 105s. ct. 3346, 1985）等。
6) 東京地裁平成17年10月21日判決，平成17年（ワ）144414。
7) アメリカ，ハワイ州で下された仲裁判断につき，日本とアメリカとの間の「友好通商航海条約」に基づく日本での承認及び執行を求める訴えを容認した判決が下されている（名古屋地一宮支部判昭和62年2月26日，判時1232-138）。

第*12*章

仲裁条項の起案

　仲裁条項は，将来発生するかもしれない紛争を仲裁で解決する旨の合意をいうが，通常は，契約書に仲裁条項が挿入される。仲裁条項の起案において，仲裁の対象となる紛争の範囲，仲裁の形態，仲裁地，仲裁機関，仲裁規則，使用言語，仲裁人の数と選任などについて検討して，これ等の事項を明確にしておくことが，将来に紛争が発生して，仲裁で解決するうえで大切である。

1　仲裁の種類の選択

　仲裁の種類には，当事者間に生じた紛争を仲裁機関に付託しないで，当事者が手続を進めていく，アドホック仲裁（ad-hoc arbitration）と常設の仲裁機関に仲裁手続きを委ねる機関仲裁（institutional arbitration）がある。一般的には機関仲裁が利用されているが，欧米，シンガポール，香港などではアドホック仲裁も普及しており，かなりの数のアドホック仲裁が行われている。尚，中国では，中国国内で行われるアドホック仲裁の仲裁条項は無効とされるので注意

しなければならない。

2　アドホック仲裁条項

　アドホック仲裁条項を起案する場合，当事者が仲裁の手続を取り決めて進行させていくため，仲裁条項に詳細な仲裁手続が規定されることになる。国連国際商取引法委員会（UNCITRAL）では，国際商事仲裁の普及を目的として，アドホック仲裁に利用される統一的なモデル仲裁規則を作成して公表している。UNCITRAL仲裁規則を利用したアドホック仲裁を選択する場合には，以下の推奨仲裁条項を契約書等に規定すればよい。

　"All disputes, controversies or claims arising out of or relating to this contract or breach, termination or invalidity thereof, shall be settled by arbitration in accordance with the UNCITRAL Arbitration Rules as at present in force."
*Note-Parties may wish to consider adding:
The appointing authority shall be ……（name of institution or person）
The place of arbitration shall be ……
The number of arbitrators shall be ……（one or three）
The languages to be used in the arbitral proceedings shall be ……"

　本契約，本契約の違反，終了，または無効から，または関連して生じる如何なる紛争，紛議，請求は現在有効なUNCITRAL仲裁規則に従い仲裁により解決されるものとする。
　＊　当事者は以下の追加事項を考慮することができる。
　　　仲裁人選定仲裁機関は……（機関名または個人名）

> 仲裁地は……
> 仲裁人は数は……（1人または3人）
> 仲裁手続に使用される言語は……

3　機関仲裁条項

　機関仲裁条項を起案する場合，まずは，いずれの仲裁機関を利用するかを取り決めて，その仲裁機関の名称を正確に記載することが大切である。例えば，"international arbitration association"（国際仲裁機関）のような表現をした場合，上記のような仲裁機関は存在しないので，仲裁を申し立てる段階で，仲裁機関の名称が，不明瞭，不正確であることから，仲裁条項が無効とされることがある。また，仲裁機関が仲裁の申立の受理を拒否することがあるので注意して起案なければならない。

　世界には数多くの常設の仲裁機関があり国際商事仲裁を取扱っている。当事者にとりいずれの仲裁機関を選択するかは非常に重要な問題であり，各仲裁機関の性格，実績，信頼性，仲裁手続の特徴，仲裁人の選択肢，仲裁費用等を検討することが大切である。また，各仲裁機関は，通常，仲裁手続規則を備えているので，利用する仲裁機関の仲裁手続規則を精査しておくべきである。

　代表的な仲裁機関としては，国際商業会議所国際仲裁裁判所（ICC International Court of Arbitration），ロンドン国際仲裁裁判所（London Court of International Arbitration），アメリカ仲裁協会（American Arbitration Association），国際紛争処理センター（International Center for Dispute Resolution: AAAの国際仲裁，調停を扱う一部局であり，ICDRの国際仲裁規則による仲裁管理サービスを行う），ストックホルム商業会議所（Stockholm Chamber of Commerce），シンガポール国際仲裁センター（Singapore International Arbitration Center），香港国際仲裁センター（Hong Kong

International Arbitration Center), 中国国際経済貿易仲裁委員会 (China International Economic and Trade Arbitration Committee), 日本商事仲裁協会 (Japan Commercial Arbitration Association) 等がある。

4 仲裁機関の推奨仲裁条項

　機関仲裁条項の起案では, 仲裁機関, 仲裁規則を具体的かつ性格に規定することが大切であるが, 各仲裁機関は推奨のモデル仲裁条項を公表しているので, それらの仲裁条項を利用することができる。以下に, 主要仲裁機関のモデル仲裁条項を紹介する。

【① 日本商事仲裁協会 (JCAA) のモデル仲裁条項】

"All disputes, controversies, or differences which may arise between the parties, out of or in relation to or in connection with this Agreement, shall be finally settled by arbitration in (name of city), Japan in accordance with the Commercial Arbitration Rules of the Japan Commercial Arbitration Association. The award rendered by such arbitrator(s) shall be final and binding upon the parties concerned."

　本契約からまたは関連して当事者間に発生することのある全ての紛争, 論争または意見の相違は, 日本商事仲裁協会の商事仲裁規則に従って日本国, (都市名) において仲裁により最終的に解決されるものとする。仲裁人により為された判断は最終であり, 当事者を拘束するものとする。

【② 国際商業会議所国際仲裁裁判所 (ICC) のモデル仲裁条項】

"All disputes arising in connection with the present contract shall be finally settled under the Rules of Arbitration of the International Chamber of Commerce by one or more arbitrators appointed in accordance with the said Rules."

───────────────

　本契約からまたは本契約に関連して生じる全ての紛争は，国際商業会議所の仲裁規則に基づき，同規則に従って選定される1名または複数の仲裁人により，最終的に解決するものとする。

―【③　ロンドン国際仲裁裁判所（LCIA）のモデル仲裁条項】―――――

　"Any disputes arising out of or in connection with this contract including any question regarding its existence, validity or termination shall be referred to and finally resolved by arbitration under the Rules of the London Court of International Arbitration, which Rules are deemed to be incorporated by reference into this clause."

───────────────

　本契約からまたは本契約に関連して生じる全ての紛争は，その存在，効力または終了のいかなる問題も含め，ロンドン国際仲裁裁判所の規則に基づき仲裁に付託され，最終的に仲裁により解決されるものとする。最終的に仲裁により解決されるものとする。同規則は，本条項で言及することで本契約の一部を構成するものと見做される。

【④　米国仲裁協会（AAA）のモデル仲裁条項】
　国際紛争処理センター（ICDR）はAAAの国際仲裁，調停を扱う一部局であり，以下の2種類の仲裁条項の規定に従い，ICDRはICDRの国際仲裁規則による仲裁管理サービスを行う。

ⅰ）ICDRの仲裁条項
　"Any controversy or claim arising out of or relating to this contract or the breach thereof, shall be determined by arbitration administered by

the International Center for Dispute Resolution in accordance with its International Arbitration Rules."
_____

　本契約から，または関連して発生する紛議，請求または本契約の違反はICDRの国際仲裁規則に従いICDRにより管理される仲裁により決定されるものとする。

ⅱ）　AAAの仲裁条項

"Any controversy or claim arising out of or relating to this contract or the breach thereof, shall be determined by arbitration administered by the American Arbitration Association in accordance with its International Arbitration Association."
_____

　本契約から，または関連して発生する紛議，請求または本契約の違反はAAAの国際仲裁規則に従いAAAにより管理される仲裁により決定されるものとする。

　上記の仲裁条項に，以下の条件を当事者選択で追加できる。

(a)　The number of arbitrators shall be _____(one or three)
(b)　The place of arbitration shall be _____(cit and/or country)
(c)　The language(s) of arbitration shall be _____
_____

(a)　仲裁人の数は_____（1名または3名）
(b)　仲裁地は，_____（都市名，または国）
(c)　仲裁の言語は，_____

【⑤　シンガポール国際仲裁センター（SIAC）のモデル仲裁条項】

"Any disputes arising out of or in connection with this contract, including any question regarding its existence, validity, or termination shall be referred to and finally resolved by arbitration in Singapore in accordance with the Arbitration Rules of the Singapore International Arbitration Center (SIAC Rules) for the time being in force, which rules are deemed to be incorporated by reference in this Clause."

　本契約からまたは本契約に関連して生じる全ての紛争は，その存在，効力または終了のいかなる問題も含め，シンガポール国際仲裁センターの仲裁規則（SIAC規則）に基づき仲裁に付託され，シンガポールにおいて最終的に仲裁により解決されるものとする。同規則は，本条項で言及することで本契約の一部を構成するものと見做される。

【⑥　香港国際仲裁センター（HKIAC）のモデル仲裁条項】

　香港国際仲裁センターは，UNCITRAL仲裁規則による仲裁，そして，HKIAC管理規則による仲裁を行っている。HKIAC管理規則よる仲裁は特に中国企業との取引紛争解決に利用される。

　ⅰ）　UNCITRAL仲裁規則に基づく仲裁

"Any dispute, controversy or claim arising out of or relating to this contract, or the breach, termination or invalidity thereof, shall be settled by arbitration in accordance with the UNCITRAL Arbitration Rules as at present in force and as may be amended by the rest of this clause.
The appointing authority shall be Hong Kong International Arbitration Center.
The place of arbitration shall be in Hong Kong at Hong Kong International Arbitration Center (HKIAC)."

　本契約，または本契約の違反，解約，無効から，または関連して発生す

る紛争，紛議，請求は，現在有効，かつ本条項他の規定により修正されるUNCITRAL仲裁規則に従い仲裁により解決されるものとする。

仲裁人選任機関は香港国際仲裁センターとする。

仲裁地は香港の香港国際仲裁センター（HKIAC）とする。

ⅱ）HKIACの管理仲裁規則による仲裁

Arbitration Clause

"Any dispute, controversy or claim arising out of or relating to this contract, or the breach, termination or invalidity thereof, shall be settled by arbitration in Hong Kong under the Hong Kong International Arbitration Center Administered Arbitration Rules in force when the Notice of Arbitration is submitted in accordance with these Rules."

Note: Optional

The number of arbitrators shall be （one or three）

The arbitration proceedings shall be conducted in _____ language.

仲 裁 条 項

本契約，または本契約の違反，解約，無効から，または関連して発生する紛争，紛議，請求は，本仲裁規則に従い仲裁通知が送達された時に有効である，香港国際仲裁センター管理仲裁規則に従い香港で仲裁により解決されるものとする。

注：選択

仲裁人の数は，_____（1名または3名）

仲裁手続は_____（言語）により行われる。

【⑦　中国国際経済貿易仲裁委員会（CIETAC）のモデル仲裁条項】

"All dispute arising from or in connection with this contract shall be submitted to the China Economic and Trade Arbitration Commission for arbitration which shall be conducted in accordance with the Commission's Arbitration Rules in effect at the time of applying for arbitration. The arbitral award shall be final and binding upon both parties."

Note: The parties may also stipulate the following matters in the arbitration clause:

- the place of arbitration and/or hearing
- the language of arbitration
- the number of arbitrators
- the nationality of arbitrators
- the method of selection of arbitrators
- the applicable law of the contract
- the application of general procedure or summary procedure.

　本契約から，または本契約に関連して発生する如何なる紛争も中国国際経済貿易仲裁委員会の仲裁に付託されるものとする。かかる仲裁は仲裁申立の時に有効な中国国際経済貿易仲裁委員会仲裁規則に従い行われるものとする。仲裁判断は最終であり，両当事者を拘束するものとする。

(注)　当事者は仲裁条項に以下の事項を規定することもできる。
　　　・仲裁地および，または審問場所
　　　・仲裁の言語
　　　・仲裁人の数
　　　・仲裁人の国籍
　　　・仲裁人選任方法
　　　・契約の準拠法
　　　・一般手続または簡易手続の採用

5 効果的仲裁条項の検討
―機関仲裁条項―

　仲裁条項はできる限り簡潔に記載すべきである。前述4の仲裁機関の推奨仲裁条項は有効，適切な仲裁条項としての必要な要素が含まれており，契約書に推奨仲裁条項を規定することで十分である。しかし，推奨仲裁条項に条件を追加することも可能であり，追加条件を含む仲裁条項は少なからずある。仲裁条項の起案において必要とされる要素，検討すべき要素を取り上げて解説する。

(1) 仲裁条項に必要とされる要素

　仲裁条項が不適切，不備な規定内容の場合，仲裁条項による妨訴抗弁の局面において，また，仲裁手続において，仲裁条項の有効性を巡る争いが生じる恐れがある。また，不適切，無効な仲裁条項を理由に，仲裁判断が取消される恐れが，また，仲裁判断の執行拒絶事由となる恐れがあることに留意して，仲裁条項に必要とされる要素を考慮して起案しなければならない。

1) 仲裁対象範囲の紛争の特定

　仲裁条項には当事者が仲裁に付託する仲裁対象となる紛争の範囲を明確に規定しなければならない。例えば，"Disputes shall be referred to arbitration"（紛争は仲裁に付託される）では，「紛争」だけの記載では，仲裁に付託する紛争が特定されていないことになる。したがって，例えば，"All disputes, controversies or differences arising out of or in relation to or in connection with this Agreement"（この契約からまたはこの契約に関連して生じる紛争，論争，意見の相違）のように記載することによって，仲裁対象範囲の紛争を特定する必要がある。また，上記に掲げた仲裁付託範囲の記載例に関して留意す

べきは，例えば，"All disputes arising out of or in connection with the contract"（契約から，または関連して発生するあらゆる紛争）と"All disputes arising from the contract"（契約から生じるあらゆる紛争）の二種類の紛争の範囲を表現した下線の部分であるが，"in connection with" または "in relation to" の表現は，"from" または "out of" の表現より，仲裁の対象となる紛争の範囲が広く解釈される。具体的には，"from"，"under" は狭義の紛争範囲を特定しており，契約の成立，効力に関する紛争は仲裁の対象範囲に入らないと解釈される。これに対して，"in connection with"，"in relation to" は広義の紛争範囲を特定しており，契約の成立，効力に関する紛争を含めて仲裁の対象範囲となる。前述4の各仲裁機関の推奨仲裁条項を参照すると，より広い範囲の紛争を対象とする規定になっている。なお，仲裁合意，仲裁手続の範囲を越える事項の判断は仲裁判断の取消事由，執行拒絶事由となる[2]。

2） 紛争解決方法の指定—仲裁機関，仲裁規則の指定—

　仲裁条項の起案においては，「仲裁」に付託する仲裁機関，および仲裁規則を特定して，その名称を正確かつ明確に規定することは機関仲裁条項の必須の要素である。

　紛争解決方法として「仲裁」を明確に規定していない場合，また，紛争を仲裁に付託する機関が不明瞭，不適切な場合，仲裁条項が無効とされたり[3]，また，仲裁申立が仲裁機関によって拒否されることがある。例えば，"international arbitration institute"（国際仲裁機関）等は仲裁機関としては存在しない不明瞭，不適切な仲裁条項である。また "…… submitted to …… Arbitration Center and/or …… Arbitration Association"（……仲裁センター，または……仲裁協会へ付託）と複数の仲裁機関を掲げている仲裁条項の場合，仲裁付託する仲裁機関が特定されていないので問題を含む不適切な仲裁条項である。なお，被告地主義の仲裁条項も複数の仲裁機関が挙げられるが，被国地の仲裁機関に仲裁付託する旨規定されることになるので，仲裁付託する仲裁機関が特定されており適切な仲裁条項である。

3） 仲裁と訴訟の選択的規定を避ける

仲裁条項には，当事者が付託する唯一の紛争解決手続として仲裁を指定する規定にしなければならない。但し，紛争解決手続は多様であり，①当事者交渉，②調停手続，③仲裁手続と段階的に利用する段階的紛争解決条項（multi-tiered dispute resolution clause）は有効，適切な条項であり問題とはならない。問題となるのは，仲裁と訴訟を併記する規定である。例えば，"…… disputes may be settled by arbitration or litigation"（……紛争は仲裁または訴訟により解決される），または "……under jurisdiction of …… courts and/or arbitration under ……"（……裁判所の管轄およびまたは……に基づく仲裁）という趣旨の規定である。上記の仲裁と訴訟を併記した規定の場合，当事者間に発生する紛争を仲裁に専属的に付託するという当事者の意思が不明瞭となり，不適切，無効な仲裁条項とみなされ，仲裁条項として機能しない恐れがあることに留意すべきである。紛争解決方法として仲裁を選択する場合は，仲裁と訴訟の選択的条項規定は避けなければならない。

（2） 追加条件として検討すべき要素

1） 仲裁地の指定

国際商事仲裁のメリットとして，当事者の合意によって仲裁地を任意に選択することが挙げられる。当事者が仲裁地を指定することは仲裁合意の必須要素ではなく，合意が無い場合は，仲裁機関，または仲裁廷が決めることになる[4]。例えば，国際的仲裁機関である，ICC，AAA，LCIAの推奨仲裁条項には仲裁地記載欄が設けられていない。

最近の傾向としては，当事者が仲裁条項起案の段階で仲裁地を定めている。例えば，ICC国際仲裁裁判所が扱う仲裁の内の90％以上は当事者により選択された仲裁地であり，通常は仲裁条項に規定されたものである[5]。

当事者が選択する仲裁地には，一般的に，自国地，相手国地，第三国地，被

国地があげられる。仲裁地を指定する場合は国名だけでなく都市の名称までも指定しておくことが望ましい。仲裁地を選択する要素としては，仲裁判断の執行可能性，暫定措置，保全措置の可能性，仲裁地の仲裁法（1985年UNCITRAL模範仲裁法を採択しているか否か），信頼できる仲裁機関の有無，交通の利便性，インフラの整備状況，仲裁人，代理人弁護士，通訳等の調達の利便性，仲裁にかかるコスト等が挙げられ，これらの諸要素を検討して仲裁地を決定すべきである。例えば，ICC仲裁に関する統計によると[6]，よく指定される好ましい仲裁地は，ヨーロッパでは，パリ，ロンドン，ジュネーブ，チューリッヒである。アメリカでは，ニューヨーク，アジアではシンガポールと香港である。

仲裁地の規定の方法としては，例えば，JCAAの推奨仲裁条項のように，"……shall be finally settled by arbitration in (city, and country) ……"［(都市名，国名) において仲裁により最終的に解決される……］とするか，または，仲裁条項の規定文章に追加条件として "The place of arbitration shall be (city and country)"［仲裁地は（都市名，国名）］と規定すればよい。

2） 仲裁手続に使用される言語の指定

仲裁のメリットの1つに，仲裁に使用される言語は当事者合意によりフレキシブルに取り決めることができることがある。仲裁条項を起案するうえで，仲裁手続に使用される言語の指定は検討事項として大切である。モデル仲裁条項の追加条件として，一般的に，共通言語として英語が指定されることが多い。例えば，以下のような規定となる。

"The language to be used in the arbitration proceedings shall be English language."（仲裁手続に使用される言語は英語とする。）

3） 仲裁人の数の指定

仲裁人の数は当事者が取り決めることができる。当事者の合意がない場合は，仲裁人は1名もしくは3名選任される（但し，多数当事者間仲裁の場合は3名以上の仲裁人が選任されることもある）。各仲裁機関の仲裁規則では，当事者

合意の無い場合に，仲裁人の数が1名の場合と3名の場合があるので，予め仲裁規則を検討しておくべきである。追加条件として，仲裁人の数を予め定めておくことは有効な合意でもある。例えば，3名仲裁を予定する場合は，以下のような規定となる。

"The number of arbitrators shall be <u>three</u>."（仲裁人の数は<u>3名</u>とする。）

4） 仲裁人の国籍，資格の指定

グローバル仲裁においては，単独仲裁人，第三仲裁人の国籍が問題とされることがある。単独仲裁人が当事者と同一国籍の場合，また，3名仲裁の場合に，2名の仲裁人の国籍が同一の場合に仲裁判断に影響を与え，一方当事者に偏する懸念があるので，単独仲裁人，第三仲裁人は関係当事者の国籍とは異なる第三国籍が望ましいといわれる。例えば，ICC仲裁では，単独仲裁人または仲裁人の長の国籍は当事者の国籍以外のものでなければならない[7]とされる。他の仲裁機関の場合は必ずしも第三国籍の仲裁人とはならない。仲裁人の国籍は，一般的に，当事者合意により予めに取り決めることができる。追加条件として第三国籍仲裁人を指定する規定はケースによっては効果的である。例えば，以下のような規定となる。

"The third arbitrator shall not possess the same nationality of any party."
（第三仲裁人は如何なる当事者の同様の国籍を持たないものとする。）

仲裁人は，当事者から独立した，公正な仲裁人でなければならないが，職業的な資格は要求されない。当事者の合意により如何なる職業の仲裁人も選任することが可能である。追加条件に仲裁人の職業，例えば，弁護士，公認会計士，他，また仲裁人としての経験を要求することもある。例えば，以下のような規定となる。

"Each arbitrator shall be legally qualified lawyer and experienced in international commercial arbitration."
（各仲裁人は，法的な資格を有する弁護士であり国際商事仲裁の経験がなけ

ればならない。）

5) 仲裁費用分担の指定

仲裁に要する費用は，申立および管理料金，仲裁人報酬，仲裁手続実費である。さらに，仲裁手続では弁護士が代理することが多いが，弁護士費用も仲裁費用に含まれることがある。これらの費用の当事者の分担は，仲裁廷が仲裁判断の時に決定し，仲裁判断に含まれる。当事者間で予め合意が有れば仲裁判断において，その合意が尊重されるので，モデル仲裁条項の追加条件として規定することも有効である。例えば，以下のような規定となる。

"The prevailing party shall be entitled to recover its costs including administrative fees and expenses, arbitrators fees and expenses and fees and expenses of legal representations, incurred in the arbitration proceedings."

（勝者は，管理料金および費用，仲裁人報酬および費用，および仲裁手続に発生した代理人弁護士費用を含む勝者側の費用を請求する権利を有する。）

6) 証拠開示手続の採否の指定

米国の訴訟手続の特徴として，証拠開示手続[8]（Discovery）が挙げられる。このような手続は日本の訴訟手続にはなく，日本の企業には馴染みの薄い手続である。証拠開示手続が広範囲におよび本案審理に至るまでの何年も要することが少なからずある。グローバル仲裁の場合に，特に米国の仲裁では，また，米国企業が当事者で代理人が米国弁護士の場合には，通常，証拠開示手続の要求がされる。証拠開示手続に関する追加条件が規定されることがあるが，日本企業にとり慎重に検討する必要がある。証拠開示手続に関する追加条件は，例えば，以下のような規定となる。

i) 証拠開示手続を採用する規定

"The parties shall be entitled to engage in reasonable discovery including requests for the production of relevant documents. Depositions may be ordered by the arbitrators upon a showing of need."

（当事者は関係書類の開示要求を含む合理的な証拠開示手続を行うことができる。必要性を示すことにより，仲裁人は証言録取の命令をすることができる。）

ⅱ) 証拠開示手続を排除する規定

"The parties shall not be entitled to discovery, and the arbitrators shall have no power to order discovery of documents, oral testimony or other materials."

（当事者は証拠開示手続の権利はないものとする，また仲裁人は，書類，口頭の証拠または他の資料の開示の命令を出す権限を持たないものとする。）

7) 仲裁判断の最終性

近代仲裁法では，仲裁は一審制で，仲裁判断は最終の判断であるとし，仲裁判断における事実問題，法律問題の上訴はできない。司法の審査は，管轄問題，手続問題，および公序問題に限定される。日本仲裁法45条1項では，仲裁判断（仲裁地が日本国内にあるかどうかは問わない）は，確定した裁判所の判決と同一の拘束力があると規定している。また，仲裁機関の仲裁規則には，通常，仲裁判断は最終である趣旨の規定がおかれている。しかしながら，仲裁判断の最終性（finally）に関連して争われることもあるので[9]，将来の不要な争いを避けるうえで，仲裁条項に仲裁判断の最終性を確認する規定を設けておくことが望まれる。例えば，"<u>finally</u> settled by arbitration"（仲裁により<u>最終的</u>に解決される）と規定するか，または，以下のような規定となる。

"The award rendered by the arbitrators shall be <u>final</u> and legally binding upon the parties."

（仲裁人により下される仲裁判断は<u>最終</u>であり，当事者を法的に拘束するものとする。）

8) 仲裁判断確認判決規定

仲裁判断確認判決規定（Entry of Judgment Clause）は，米国企業との間の仲裁条項によくみられる規定である。例えば，以下のような規定である。

"Judgment upon any award rendered by the arbitrators may be entered in any court having jurisdiction thereof."

（仲裁人により下された仲裁判断の確認判決はその管轄権を有する如何なる裁判所にも申請することができる。）

米国では仲裁判断の執行には裁判所による仲裁判断の確認判決が要件とされており，上述の仲裁判断確認判決規定は，仲裁判断の裁判所の判決を登録する旨の合意条項規定である。米国連邦仲裁法9条では，「当事者がその仲裁契約において，仲裁手続に従って為された仲裁判断に係る裁判所の判決を登録すべき旨合意し，かつ，裁判所と特定しているときは，仲裁判断がされてから1年以内に仲裁当事者は，いつでもその特定裁判所に対して仲裁判断確認命令を申請することができる。……」旨規定されている。

（注）
1) UNCITRAL仲裁規則（The Arbitration Rules of UNCITRAL 1976）は，UNCITRALがICCA（International Council for Commercial Arbitration）との共同作業により作成され，1976年12月15日の国連総会において承認され，公表された，主にアドホック仲裁の促進を念頭に作成された仲裁手続規則である。同規則は国際商事仲裁および投資仲裁において，アドホック仲裁のみならず機関仲裁においても広範囲に利用されている。
2) 日本仲裁法44条5項に仲裁判断取消事由として，「仲裁判断が，仲裁合意又は仲裁手続における申立ての範囲を超える事項に関する判断を含むものであること」と規定されている。同45条5項およびニューヨーク条約5条1項(c)には，執行拒否事由として同趣旨の規定がおかれている。
3) 特に中国の仲裁はアドホック仲裁が認められていない。また，中国仲裁法18条に内容が不明確な仲裁合意の処理の規定があり，「仲裁合意に仲裁に付する事項または仲裁委員会について約定がない，または約定が不明確である場合には，当事者は，合意を追加することができる。追加の合意がなされないときは，仲裁合意は無効である」と規定されている。
4) ICC仲裁規則14条1項では，当事者間の合意がない限り，仲裁地は，仲裁裁判所が定めなければならないとしている。
5) ICC International Court of Arbitration Bulletin Volume20 No.1-2009, p.11
6) ICC International Court of Arbitration Bulletin Volume20 No.1-2009, p.12

7) ICC仲裁規則9条5項「単独仲裁人または仲裁廷の長の国籍は，当事者の国籍以外のものでなければならない。……」
8) 英米訴訟法上の証拠開示のことで，トライアル（trial）前に，当事者の要求によって，相手方または第三者が事実または証拠を開示すること。当事者は相手方に対して，事実関係について質問し，どういう関係資料を持っているかを問い合わせ，または，特定文書の閲覧を求めることができる。相手方は要求された事実，証拠を開示しなければならない。
9) Daihatsu Motor Co. v. Terrain Vehicle Incl. 13 F.3d 196.203（7th. Cir.1993）仲裁判断の最終性が争われた事件で，"finally"の用語の使用はアメリカ連邦仲裁法9条の，仲裁手続に従ってなされた仲裁判断に係る裁判所の判決を登録する要件を満たすものであると判示している。

英和対照

EXCLUSIVE DISTRIBUTORSHIP AGREEMENT

（独占的販売店契約）

BETWEEN

ABC CO., LTD.

And

XYZ CORPORATION

This Agreement, made and entered into as of ____ day of ____, 201×, by and between XYZ Corporation, a Japanese corporation, having its registered office at (address) (hereinafter referred to as "Seller"), and ABC Co., Ltd., _____ corporation, having its registered office at (address) (hereinafter referred to as "Distributor").

WITNESSETH:

WHEREAS, Seller is desirous of exporting and selling the products as defined in Article 1.1 hereof in the territory as defined in Article 1.2 hereof, and

WHEREAS, Distributor is desirous of importing from Seller and selling and distributing the said products in the said territory,

NOW, THEREFORE, in consideration of the premises and the mutual covenants hereinafter set forth, the parties hereto agree as follows:

1 <u>Definitions</u>
In this Agreement the following expressions shall have the following meanings:
1.1 The term "Products" means those products listed in Schedule 1.
1.2 The terms "Territory" means those geographical area listed in Schedule 2.
1.3 The term "Trademark" means those trademarks and trade names listed in Schedule 3.

2 <u>Appointment</u>
2.1 Subject to the terms and conditions of this Agreement, Seller hereby appoints Distributor its exclusive distributor of Products in Territory and grants Distributor the right to purchase Products from Seller for resale in Territory, and Distributor accepts such appointment.

2.2 The right granted by Seller to Distributor pursuant to article 2.1 is exclusive. Seller shall not appoint any other person or entity as distributor or agent for the sale of Products in Territory nor sell Products to any other person or entity in Territory without the previous written consent of Distributor. Seller shall refer to Distributor any inquiry for Products which Seller may receive directly from Territory.

2.3 Notwithstanding the above article 2.1, 2.2, the following transactions shall not apply to Seller's obligations under the said provisions:
 (1) transactions with a governmental authority or its agent on the bit in Territory,
 (2) transactions of Products outside Territory which would be combined into another equipments and be imported into Territory,
 (3) transactions of Products on Original Equipment Manufacture (OEM) basis under the buyer's specifications and brand in Territory.

本契約は，201×年__月__日に，日本法人であり，その登記事務所を_____に有するXYZ株式会社（以後「売主」と称する）と_____国法人であり，その登記事務所を_____に有するABC株式会社（以後「買主」と称する）との間に締結され，以下のことを証するものである。

売主は，本契約第1条1項に規定される製品を本契約第1条2項に規定される領域に輸出し，販売することを望んでいる。

販売店は，かかる製品を売主から購入し，領域で販売することを望んでいる。

よって，前述の事項および本契約書中の相互の約束を約因として，本契約当事者は以下の通り合意する。

1　定　義
　本契約において，以下の表現は以下の意味を有する。
　1.1　「契約製品」とは付表1に表示される製品をいう。
　1.2　「契約領域」とは付表2に表示される地理的領域をいう。
　1.3　「商標」とは付表3に表示される商標，商号をいう。

2　指　名
　2.1　本契約の条件に従い，売主は，販売店を契約領域における契約製品の独占的販売店として指名し，契約領域における再販売のために契約製品を売主から購入する権利を付与するものとし，販売店はかかる指名を受諾するものとする。

　2.2　本契約第2条1項により売主から販売店に許諾された権利は独占権である。売主は，販売店の事前の書面による合意なくしては，如何なる他の者も契約領域における契約製品の販売の販売店または代理店に指名しない，また，契約領域における如何なる者にも契約製品を販売しないものとする。売主は契約領域から直接に受領する契約製品の商談も販売店に照会するものとする。

　2.3　第2条1項，第2条2項に関わらず，以下の取引はかかる条項に基づく売主の義務の適用はないものとする。
　　（1）契約領域における政府当局またはその代理店との入札取引
　　（2）契約領域外で他の設備に組み込まれ，契約領域に輸入される契約製品の取引
　　（3）契約領域における買主の仕様および商標に基づくOEMによる契約製品の取引

3 Relationship

The relationship hereby established between Seller and Distributor shall be solely that of seller and buyer, and Distributor shall be in no way the representative or agent of Seller for any purpose whatsoever and shall have no right or authority to create or assume any obligation or responsibility of any kind, express or implied, in the name of or on behalf of Seller or to bind Seller in any manner.

4 Prohibition on Competitive Transaction

In consideration of the exclusive right granted herein, Distributor shall not, directly or indirectly or in any manner whatsoever import, buy, sell, distribute, handle or deal in any products which are like or similar to or competitive with Products without the previous written consent of Seller.

5 Re-exportation outside Territory

Distributor shall sell Products only in Territory and shall not sell or export Products to any person or entity outside Territory or to any person or entity which Distributor knows or has reason to know intends to sell or export Products outside Territory unless the prior written consent by Seller has been obtained. Distributor shall refer to Seller any inquiries for Products which Distributor may receive from outside Territory.

6 Individual Contract

Any order of Products by Distributor under this Agreement shall not be binding unless it is accepted by Seller in writing. Each individual contract under this Agreement shall be subject to this Agreement and such contract shall be concluded and carried out by Seller's "Sales Confirmation" which is attached to this Agreement and made a part of this Agreement.

7 Scope of Agreement

This Agreement incorporates any special conditions and printed form of each individual contract under this Agreement and terms of this Agreement. In the event of conflict between them, the terms and conditions shall prevail over the others in the following order to the extent of any conflict between them:

(1) special conditions of each individual contract under this Agreement
(2) terms of this Agreement
(3) printed terms of each individual contract under this Agreement.

8 Price

The price of Products, unless otherwise specially agreed, shall be based on CIP (Incoterms 2010) named place of destination basis in U.S. Dollar Currency as shown in the "Price List" attached to this Agreement and made a part hereof. Seller shall give Distributor at least ninety (90) day's written notice of the change of the prices of Products in the event that it intends to revise them.

3　当事者関係

　本契約により成立する売主と販売店の関係は，単に売主と買主の関係であり，販売店は，いかなる目的においても，決して売主の代理人ではなく，また売主の名において，もしくは売主を代理して，明示的もしくは黙示的を問わず，如何なる種類の義務もしくは責任をも創設し，もしくは引き受け，またはいかなる方法においても売主を拘束する権利もしくは権限を有しないものとする。

4　競業取引の禁止

　本契約で許諾された独占権の対価として，販売店は，直接，間接，または如何なる方法によっても，売主の書面による事前の合意ない限りは，契約製品と類似する，または競合するいかなる製品も輸入，購入，販売，または取扱わないものとする。

5　契約領域外再輸出

　販売店は契約製品を契約領域でのみ販売するものとし，売主の書面による合意を得ない限りは，契約領域外の如何なる者に対しても契約製品を販売，輸出しない，また，契約領域外に契約製品を再販売または再輸出する意図のある，またはそう信じる理由のある如何なる者にも契約製品を販売，輸出しないものとする。販売店は，契約領域外から受ける如何なる商談も売主に照会するものとする。

6　個別契約

　本契約に基づく販売店による契約製品の注文は，書面により売主による承諾がない限りは拘束しないものとする。本契約に基づく各個別契約は本契約を条件とし，かかる契約は本契約に添付され，本契約の一部を構成する売主の「Sales Confirmation」により締結され，履行されるものとする。

7　契約の範囲

　本契約は，各個別契約の特約条件，各個別契約の印刷約款，本契約条件を併合するものである。それらの条件に衝突がある場合は，その条件は他の条件に対して以下の順序で優先するものである。

(1)　各個別契約の特約条件
(2)　本契約条件
(3)　各個別契約の印刷約款

8　価　格

　契約製品の価格は，他に特約無き限りは，本契約に添付され，本契約の一部を構成する「価格表」に示される通り，米ドル建てで，記名仕向地までの輸送費，保険料込み（インコタームズ2010）値段に基づくものとする。売主は，売主が契約製品の価格の修正を意図する場合は，少なくとも90日の書面による契約製品価格変更の通知を販売店に与えるものとする。

9 Payment

Payment for Products to Seller shall, unless otherwise specifically agreed, be made by Distributor, after the receipt of Seller's written acceptance of any order of Distributor, under the Irrevocable Letter of Credit available against the draft at sight to be issued through a leading and prime bank satisfactory to Seller.

10 Delivery Terms

The delivery terms of Products under this Agreement shall be CIP (Incoterms 2010) (named place of destination).

The trade terms such as CIP, CIF, etc. shall be construed under Incoterms 2010.

11 Passing of Risk and Title

The risk of loss and damages of Products shall pass to Distributor from Seller when Products are handed over to the first carrier for transmission to Distributor.

The title of Products shall not pass from Seller to Distributor until the price of Products has been completely paid to Seller by Distributor in the full amount of the price.

12 Sales Promotion and Advertisement

Distributor shall use its best endeavors to promote and extend the sale of Products in Territory. For this purpose, Distributor shall at its own expense, maintain office, proper equipments and facilities including salesmen, assistants and other personnel, and also advertise through proper media. Seller shall furnish Distributor with catalogues, leaflets, folders and other advertising materials in reasonable quantity.

13 Duty in Good Faith and Duty in Compliance

Distributor shall diligently and faithfully serve Seller as its distributor in Territory and shall use its best efforts to improve the goodwill of Seller and to further increase the sale of Products in Territory.

Distributor shall ensure that it conforms with all legislation rules, regulations and statutory requirements existing in Territory from time to time in relation to Products.

14 Market Report

Distributor shall periodically or on the request of Seller furnish Seller with information and market reports to promote the sale of Products as much as possible. Distributor shall quarterly supply Seller with such reports as inventory, market condition and sales amount of Products and other relative information in accordance with the forms to be furnished by Seller.

15 Minimum Purchase

Distributor guarantees to purchase Products from Seller in the following amount on CIP (Incoterms 2010) basis for each one year period as indicated below:

9　支　払　い

売主に対する支払いは，他に特約無き限りは，販売店の注文の売主の書面による承諾の受領後，販売店により，売主が満足する一流の銀行と通して開設される一覧払い手形に適用する取消不能信用状により為されるものとする。

10　引渡し条件

本契約に基づく契約製品の引渡し条件は（記名仕向地）までの輸送費，保険料込み（インコタームズ2010）とする。

CIP, CIFなど定型貿易条件はインコタームズ2010に基づき解釈されるものとする。

11　危険と所有権の移転

契約製品の滅失棄損の危険は，契約製品が販売店への運送に対して最初の運送人に引き渡した時に売主から販売店に移転するものとする。

契約製品の所有権は，契約製品の価格の全額が販売店により売主に完全に支払われるまでは，売主から販売店に移転しないものとする。

12　販売促進，広告宣伝

販売店は，契約領域において契約製品の販売の促進および拡大のために最善を尽くすものとする。その目的のために，販売店は，自己の費用で，販売員，補助者，または他の人材を含み事務所，適切な設備および施設を維持し，また，適切な媒体を通して，宣伝を行う者とする。

売主は，販売店に合理的な量のカタログ，リーフレット，フォルダー，および他の広告資材を供給するものとする。

13　忠実義務および法令遵守義務

本契約期間中，販売店は，契約領域の販売店として誠実かつ忠実に売主のために務め，売主の暖簾の価値を高め，さらに，販売領域において契約製品の販売を促進するために最善を尽くすものとする。

販売店は，契約製品に関連して，契約領域において随時存在するすべての法令，規則，および法定上の命令に遵守することを確約する。

14　市　場　報　告

販売店は，定期的に，また，売主の要求に基づき，契約製品の販売を促進するための情報および市場報告をできる限り提供するものとする。販売店は，四半期毎に，売主が提供するフォームに従って，在庫，市場状況，また契約製品の販売額等の報告書を提供するものとする。

15　最　低　購　入

販売店は，以下に示す通り，各暦年毎に以下の輸送費，保険料込み（インコタームズ2010）値段で以下の金額を売主から購入することを保証する：

(1) The first year of this Agreement .... not less than _____
   (2) The second year of this Agreement .... not less than _____
   (3) The third year of this Agreement .... not less than _____
   (4) For each subsequent year of this Agreement, an amount as mutually agreed between the parties hereto prior to the commencement of any such one year period.

In the event that Distributor fails to meet any of the foregoing minimum purchase guarantees, Distributor shall be regarded as in material breach of this Agreement and Seller may, at its discretion, terminate this Agreement or change the exclusive selling right to non-exclusive selling right by giving the written notice to Distributor.

16 After Services

Distributor shall provide after sales service, and maintenance and repair service for Products resold by Distributor. After the termination of this Agreement, said services shall be conducted by Seller or its designee, and Distributor shall provide Seller with the list of user and related information, at the termination, necessary to conduct such services.

17 Technical Information and Assistance

Seller shall provide Distributor with User Manual, Repair and Service Manual and disclose to Distributor other technical information deemed to be necessary by Seller to enable Distributor to inspect, transport, stock, repair and service Products in the sale of Products in Territory.

If it is deemed to be necessary by Seller for the sale of Products in Territory, Seller shall provide Distributor with technical assistance at the premises of Seller and/or Distributor. Details of such technical assistance shall be determined from time to time by both parties.

18 Warranty and Limitation of Liability

  1) Seller warrants that Products shall be free from any defects in materials and workmanship, and be in conformity with of kind and quality as specified or designated by Seller in this Agreement
  2) The period of warranty shall exist for ___ months from the date of delivery of Products.
  3) If Distributor should find any defects or non-conformity in Products at any time during the warranty period, Distributor shall give notice in writing thereof to Seller specifying the nature of the defects or the lack of conformity of Products within 30 days of such occurrence ...
  4) If Seller, upon their inspection after receipt of the claim by Distributor, has determined that the claimed Products should fail to conform to the foregoing warranty, Seller's sole and exclusive responsibility shall be, at Seller's option, as follows;
     (1) to replace such non-conforming Products;
     (2) to repair such non-conforming Products,

  5) EXCEPT FOR THE EXPRESS WARRANTY SET FORTH ABOVE, SELLER GRANTS NO OTHER WARRANTIES, EXPRESSLY OR IMPLIEDLLY AS TO THEIR MERCHANTABILITY AND THEIR FITNESS FOR ANY PURPOSE OR AS TO THE CONFORMITY OF THE PRODUCTS UNDER UNITED NATIONS CONVENTION ON CONTRACTS FOR THE INTERNATIONAL SALE OF GOODS 1980.

(1) 第一年度：　　　　　　　　以上
(2) 第二年度：　　　　　　　　以上
(3) 第三年度：　　　　　　　　以上
(4) 本契約の以後の各年は，かかる各年が開始する以前に本契約当事者間で相互に合意された額

　販売店が上述に規定する最低購入保証に対応することができない場合は，販売店は本契約の重大なる違反であるとみなされ，売主は，自己の選択で，販売店に対して書面通知を与えることにより，本契約を解除するかまたは独占販売権を非独占販売権に変更することができる。

16　アフターサービス

　販売店は，販売店が再販売した契約製品のアフターサービス，および維持，修理サービスを提供するものとする。本契約終了後は，かかるサービスは売主またはその指定者により行われるものとし，販売店は，終了時に，かかるサービスを行うために必要なユーザーのリストおよび関連の情報を売主に提供するものとする。

17　技術情報，技術支援

　売主は，販売店に取扱説明書，修理・サービスマニュアルを提供し，契約領域ご契約製品の販売において，販売店が契約製品を検査，運送，在庫，修理，サービスを行うことを可能にするために必要であると考えられる他の技術情報を販売店に開示するものとする。

　売主が契約領域における契約製品の販売のために必要であると考える場合，売主は，売主または販売店の施設内において，販売店に技術支援を提供する。かかる技術支援の詳細は，両当事者により随時決定される。

18　保証と保証の制限

1) 売主は製品が材質および出来映えにおいて欠陥がなく，売主により明示され，または指定された種類品質であることを保証する。
2) 保証期間は契約製品の引渡し日より_____月存続する。
3) 販売店が保証期間中いかなる時も契約製品の欠陥，不適合を発見した場合は，販売店は，その発見より30日以内に，その欠陥，不適合の性質を特定した通知を書面で売主に与えるものとする。
4) 売主が販売店の請求を受領後の検査により，売主が請求の契約製品が前述の保証を満たしていないことを決定した場合は，売主の唯一の責任は売主の選択で以下の通りとする：
　　(1) 不適合の契約製品の交換
　　(2) 不適合の契約製品の修理

5) 上記の明示的な保証を除き，売主は，契約製品の商品性および特定目的の適合性および1980年国際物品売買契約に関する国連条約に基づく物品の適合性に関する他の明示，黙示の保証を一切しない。

6) SELLER'S LIABILITY UNDER THIS WARRANTY SHALL BE LIMITED TO THE REPLACEMENT OR REPAIRMENT OF DEFECTIVE PRODUCTS. IN NO EVENT SHALL SELLER BE LIABLE FOR ANY SPECIAL, CONSEQUENTIAL OR INCIDENTAL DAMAGES FOR BREACH OF WARRANTY.

19 Products Liability

Distributor shall at its own expense indemnify and hold harmless Seller and the directors, officers and employees of Seller from and against any and all losses, damages (actual, consequential or indirect), liabilities, penalties, fines, claims, demands, suits or actions, and related costs and expenses of any kind (including, without limitation, expenses of investigation and recall, counsel fees, judgments and settlements) for injury to or death of any person or property damage or any other loss suffered or allegedly suffered by any person or entity arising out of or otherwise in connection with any defect or alleged defect of Products sold by Seller to Distributor under this Agreement, except to the extent such claim is caused by the gross negligence or willful misconduct of Seller. The obligations of Distributor provided for in this Article 19 shall survive after the cancellation, termination, rescission or expiration of this Agreement.

20 Secrecy

Distributor shall, during the term of this Agreement and for a period of five (5) years thereafter, treat as confidential and shall not disclose to third party any information (whether technical or otherwise), trade secret relating to Products or business affairs acquired by virtue of this Agreement and received from Seller, and shall not use such information except for the purpose of this Agreement. The obligations as mentioned above shall not apply to information that is i) public domain ii) lawfully in the possession of Distributor prior to disclosure by Seller iii) rightfully received by Distributor from a third party, or iv) independently developed by Distributor.

21 Trademark

1) Seller shall authorize Distributor to use Trademark for the sole purpose of selling and distributing Products in Territory pursuant to this Agreement during the term of this Agreement.
2) Trademark is and shall continue to be the property of Seller exclusively and may be used by Distributor only as provided herein. Distributor shall not apply for registration, nor cause such registration to be made identical or similar to the Trademark in Territory or anywhere else.
3) Distributor shall use Trademark strictly in the manner instructed or designated by Seller. Distributor shall not modify the manner for use of Trademark, nor combine Trademark with any other letters, names, trademarks or design.
4) Upon termination of this Agreement in any manner, Distributor shall immediately cease to use Trademark.

6） 如何なる場合においても，売主は如何なる間接的，特別，結果的または付随的損害の責任は無いものとする。

19　製造物責任

　販売店は，あらゆる人，組織が被った，あるいは被ったと主張するあらゆる障害，死亡，財産的損害または他のあらゆる損失につき，本契約に基づき売主が販売店に販売した契約製品の如何なる欠陥あるいは欠陥があるとの主張から生じたまたはその他これに関連する全ての損失，損害，責任，制裁金，請求，訴訟，そしてあらゆる種類の関連費用およびコスト（調査，リコール費用，弁護士費用，判決額，和解金を含む）について，売主，および取締役，役員，従業員および代理人に対して，自己の費用で補償し，かつ免責するものとする。但し，かかる請求が売主の重大な過失または故意の過失が原因による場合を除く。本条項19条に規定される販売店の義務は本契約の解約または満了以後も存続するものとする。

20　守　秘　義　務

　本契約期間中およびそれ以降5年間，販売店は，本契約により売主から取得した製品，または営業事項に関連する如何なる情報（技術または他に関わらず），営業秘密の秘密を守り，第三者には開示しないものとし，かかる情報を本契約の目的以外には流用しないものとする。上述の守秘義務は，ⅰ）公知の情報，ⅱ）開示の時に販売店が既に知っていた情報，ⅲ）第三者から合法的に受領した情報，またはⅳ）販売店が独自に開発した情報には適用されないものとする。

21　商　　　標

1） 売主は販売店に本契約に関連して本契約期間中，契約領域において契約製品を販売，配給する唯一の目的のために商標を使用することを認めるものとする。
2） 商標は専属的に売主の所有にあり，所有し続けるものとする。販売店は，契約領域において，また他の如何なる領域においても，商標と同一または類似の登録の申請をしないし，またかかる商標を登録させないものとする。
3） 販売店は，商標を売主が指示する方法で厳格に使用するものとする。販売店は，商標の使用する方法を修正しないものとし，また商標と他の如何なる文字，名称，商標または意匠と組み合わせないものとする。
4） 本契約の如何なる終了においても，販売店は直ちに商標の使用を中止するものとする。

22 Infringement of Patent

Distributor shall save Seller harmless from any liabilities, loss and damages due to claim of infringement or alleged infringement of any patent, trademark, utility model, design patent, copyright or other rights brought by any third party relating to the sale and/or distribution of Products in Territory.

23 Term

This agreement shall commence on and from the date and year first above written hereof, and, thereafter, unless earlier terminated under the articles herein provided, shall continue in valid for _____ (   ) years. This Agreement shall be automatically extended on a year to year basis unless either party shall give the other written notice of its intention to terminate this Agreement at least ninety (90) days prior to expiration of the initial term of this Agreement and/or its extension.

24 Termination

Either party may terminate forthwith this Agreement by giving written notice to the other:

1) if either party fails to perform any of its liabilities hereunder and fails to cure such defaults within sixty (60) days after service of notice from the other party requiring correction thereof:
2) if any one of the following events occur to the other party:
   (1) appointment of a trustee or receiver for all or any part of the assets or property of the other party
   (2) insolvency or bankruptcy of the other party
   (3) dissolution or liquidation of the other party by resolution or by law
   (4) substantial change of management or suspension of business of the other party, or assignment of its assets or business to any third party, whether voluntarily or by compulsion of law.

25 Effect of Termination

1) Upon termination of this Agreement by any reason whatsoever, Seller may purchase back, but at Seller's sole discretion, within _____ (   ) months after the termination of this Agreement, all Products which are kept in the hands of Distributor with good conditions at the time of termination at the price equivalent to those paid by Distributor.
2) Seller shall not be liable to Distributor because of termination of or refusal of extension of this Agreement, for any compensation, damages on account of present or prospective profits on sales or anticipated sales or on account of expenditures, investment or commitments made in connection with the business of Distributor in any manner.
3) Acceptance of any order of Products by Seller and/or sale of Products to Distributor after the effective termination of this Agreement shall not be deemed as a renewal or extension of this Agreement or as a waiver of termination of this Agreement.

22 特許侵害

販売店は，契約領域において契約製品の販売，配給に関連して如何なる第三者により提起される特許，商標，実用新案，意匠，著作権または他の権利の侵害または侵害と主張するクレームに起因する，如何なる責任，損害賠償から売主を免責するものとする。

23 契約期間

本契約は本契約の冒頭記載の年月日に始まり，本契約書中に規定される条項に従い早期に解約されない限りは，＿＿＿＿年間有効に存続する。

本契約は本契約の最初の期間またはその延長期間満了少なくとも90日以前に本契約の解約の意図を書面で相手当事者に通知しない限りは，自動的に一年毎に更新されるものとする。

24 中途解約

いずれかの一方の当事者は，他方の当事者に対して書面の通知により本契約を直ちに解約することができる：

1) いずれか一方の当事者が本契約に基づく義務を履行しない場合に，他方当事者からその不履行の治癒の要請通知後60日以内にかかる不履行を治癒しない場合；
2) 以下の事項の1つでも他方当事者に発生した場合；
   (1) 他方当事者の財産または資産の全てまたは一部に対する破産管財人または収益管理人の任命
   (2) 他方当事者の破産，倒産
   (3) 議決または法律による他方当事者の解散または清算
   (4) 任意または法律上の強制であれ，他方当事者の経営の実質的変更または営業停止，または資産または営業の譲渡

25 終了の効果

1) 如何なる理由によっても本契約の終了に基づき，売主は，本契約終了後＿＿＿＿日以内に売主の自己の選択で，終了時に良好な状態で販売店の在庫に在る全契約製品を販売店が購入した価格で買い戻すことができる。
2) 売主は，本契約の解約または本契約の延長の拒絶の結果，販売または販売の見込みにおける現在または見込みの利益を理由とする，または如何なる方法においても販売店の営業に関連して為される出費，投資または行為を理由とする如何なる補償，賠償に対しても販売店に責任を負わないものとする。
3) 本契約終了後に売主による契約製品の注文の承諾，および，または，契約製品の販売店への販売は，本契約の更新，延長または本契約の解約の放棄とはみなされないものとする。

26 Force Majeure
Neither party shall be liable to the other party for any failure or delay in the performance or any obligations under this Agreement to the extent such failure or delay is caused by fire, earthquake, flood, tidal wave, storm, epidemics, wars, civil commotion, strikes, act of God or any ohter act beyond the reasonable control of the affected party, provided that such party has given notice of the occurence of such event of force majeure to the other party hereto and make every and best efforts to discharge its obligations at the earliest possible time.

27 Assignment
Neither party shall assign, pledge or otherwise dispose of this Agreement or any right or obligations hereunder without the prior written consent of the other party.

28 Notice
All notices and other communications called for hereunder shall be in writing and shall be given by registered air mail or international courier to the parties at their respective office first above written or to any address of which a party notifies the other in accordance with this article. Notices and other communications mentioned above shall be deemed to be received and made effective when dispatched.

29 Arbitration
All disputes, controversies, or differences which may arise between the parties, out of or in relation to or in connection with this Agreement, or the breach thereof, shall be finally settled by arbitration in (name of city), Japan in accordance with the Commercial Arbitration Rules of the Japan Commercial Arbitration Association.
The award rendered by arbitrator(s) shall be final and binding upon both parties.

30 Governing Law
This Agreement shall be governed by and under the laws of Japan as to all matters including formation, validity, construction and performance.

31 Severability
The provision of this Agreement shall be deemed to be severable, and any invalidity of any provision of this Agreement shall not affect the validity of the remaining provisions of this Agreement.

32 Non-Waiver of Right
Failure of either party to exercise any of the provisions hereof, rights with respect hereto or elections provided for herein shall in no way be considered a waiver of such provisions, rights or elections or in no way affect the validity of this Agreement. Such failure shall not preclude or prejudice such failing party from later exercising the same or any other provisions, rights or elections which have under this Agreement.

26 不可抗力

いずれの当事者も，他方当事者に対して，かかる不履行または遅延が，火災，地震，洪水，津波，暴風雨，疫病，戦争，動乱，ストライキ，敵対行為，政府，政府機関の行為，天災，または影響を受けた当事者の合理的な支配を越える他の行為により生じた履行，または履行遅延および期間において，本契約に基づく不履行，または履行遅延に対して責任は負わないものとする。但し，かかる当事者は，他方当事者に対して不可抗力事態を通知し，できる限りに早期に義務を履行すべく，あらゆる，かつ最大の努力を行使するものとする。

27 譲渡

いずれの当事者も他方当事者の書面による事前の合意が無い限りは，本契約，または本契約に基づく如何なる権利又は義務も譲渡しない，また，質権または他に処分してはならないものとする。

28 通知

本契約に基づき要求される全ての通知，通信は，書面で，当事者宛ての航空書留郵便，国際宅急便で本契約書冒頭記載の各の事務所または本条項に従い他方当事者に通知した住所宛てに与えられるものとする。本契約に基づく通知，通信は，発信した時に受領され，かつ効力が発生したとみなされる。

29 仲裁

本契約からまたは本契約に関連して，当事者の間に生じることがある全ての紛争，論争または意見の相違，または本契約の違反は，日本商事仲裁協会の商事仲裁規則に従って（都市名），日本国において仲裁により最終的に解決されるものとする。

仲裁人が下す仲裁判断は最終であり，当事者を拘束するものとする。

30 準拠法

本契約は，成立，効力，解釈，履行を含むすべての事項に関して日本法により支配されるものとする。

31 分離条項

本契約の条項は分離できるものと見なされ，本契約の如何なる規定の無効も本契約の残余の規定の効力には影響を与えないものとする。

32 権利不放棄

いずれかの当事者が，本契約所の条項の如何なるものも，本契約の権利または本契約書中に規定される救済上の選択権を行使しないことが，かかる条項，権利，救済上の選択権の放棄とはみなされないし，また，本契約の効力に影響を与えるものではないものとする。かかる不行使は，かかる不行使の当事者が後日に本契約の下に有する同様の条項，権利，救済上の選択権を行使することを妨げないし，また侵害するものではないものとする。

33 Headings

All headings referred to in this Agreement are inserted for convenience of reference only and shall not affect the interpretation of any of the provisions of this Agreement.

34 Language

This Agreement is in the English language, executed in originals, one duplicate original to be retained by each party hereto.

35 Entire Agreement

This Agreement constitutes the entire and only agreement between the parties hereto relating to the subject matter of this Agreement and supersedes all previous agreements, promise, understanding in orally and/or writing relating to the subject matter of this Agreement and no modification, change and amendment of this Agreement shall be binding upon either Distributor or Seller except by mutual express consent in writing signed by a duly authorized officer or representative of each of the parties hereto.

IN WITNESS WHEREOF, the parties hereto have caused this Agreement in English and duplicate to be signed by their duly authorized officers or representatives as of the date first above written.

XYZ Corporation   ABC Co., Ltd.

By:_____   By:_____

Name: Name:
Title: Title:

33 標　　題
　本契約に言及される全ての標題は本契約の参考の便宜のためにのみ挿入されており，本契約の条項の解釈に影響を与えないものとする。

34 言　　語
　本契約は，英語により，正文を作成し，各当事者それぞれ正文一部を保持する。

35 完 全 合 意
　本契約は，本契約の対象事項に関して本契約当事者間の完全，唯一の合意を構成し，本契約の対象事項に関する全ての以前の口頭，書面による合意，約束，了解事項に優先するものとし，本契約の如何なる修正，変更も，本契約当事者の正当に権限を有する代表者または役員の署名のある書面による相互の明示的合意が無い限りは，販売店，売主のいずれの当事者も拘束しないものとする。

　上記の証として，本契約当事者は，それぞれの正当な代表者，また役員により，冒頭記載の年月日に英語で二通署名締結させしめた。

XYZ Corporation　　　　　　　　　ABC Co., Ltd.

氏名　　　　　　　　　　　　　　　氏名
職位　　　　　　　　　　　　　　　職位

（注）　本モデルは，売主中心の契約で，特定の地域，商品を前提としておらず，また，独占禁止法や代理店保護法を考慮に入れておりません。実際に使用する場合には，それぞれの実情に適した内容に修正していただく必要があります。

添付書類 Sales Confirmation（売約書）

Sales Confirmation　表面

XYZ　CORPORATION

Address: _____

Tel: _____
Fax: _____
E-mail: _____

SALES CONFIRMATION

SELLER	CONTRACT NO. & DATE
BUYER	PAYMENT
TIME OF SHIPMENT	DELIVERY TERMS Loading Port: Destination:

DESCRIPTION OF GOODS	QUANTITY	UNIT PRICE	AMOUNT

INSURANCE:　　　　　　　　　　　　　SHIPPING　MARK

PACKAGING:

INSPECTION:

SPECIAL CONDITIONS :

We as Seller are pleased to confirm this day our sale to you as Buyer of the above mentioned Goods, subject to all of the TERMS AND CONDITIONS ON THE FACE AND REVERSE SIDE HEREOF, which are expressly agreed to and form an integral part of this Contract.

BUYER:　　　　　　　　　　　　　　　　SELLER:
　　　　　　　　　　　　　　　　　　　　XYZ　CORPORATION

BY_____　　　　　　　BY_____

Please sign and return immediately one copy to us.

添付書類 Sales Confirmation（売約書）

GENERAL TERMS AND CONDITIONS　　　Sales Confirmation 裏面

1. **INCREASED COST**：If Seller's cost(s) of performance is (are) increased after the date of this Contract by reason of increased freight rate(s), tax(es), or other governmental charge(s), or insurance premium(s) for War & S.R.C.C. risk, such increased costs(s) is (are) entirely on the account of Buyer.

2. **PAYMENT**：Buyer shall pay the full contract price plus all banking charges outside Japan, including advising charges, regardless of being charged within or outside Japan, and shall not be entitled to offset any of them against the contract price. If and when Buyer is to establish a Letter of Credit to cover the full invoice amount in favor of Seller, such Letter of Credit shall be (I) Irrevocable and Unrestricted, (II) established by a prime bank satisfactory to Seller immediately after the conclusion of this Contract, (III) valid for a period of (14) days of negotiation after the date of shipment and expire thereafter in Japan, (IV) in strict compliance with the terms and conditions of this Contract.
Failure of Buyer to furnish such Letter of Credit as specified above shall be deemed a breach of this Contract, and Seller, without prejudice to any of the remedies stipulated herein, shall have the option(s) to (I) cancel the whole or any part of this Contract, (II) defer the shipment of the Goods and hold them for Buyer's account and risk, and/or, (III) resell the Goods for Buyer's account.

3. **SHIPMENT**：In case of CIF, C & F or any other trade terms under which Seller must provide the necessary shipping space, shipment within the time stipulated on the face hereof shall be subject to the availability of shipping space. Time shall not be of the essence, and Seller shall not be liable to Buyer if there is any delay in delivery.
The date of the Bill of Lading, Sea Waybill, Air Waybill or any other similar transport documents shall be conclusive evidence of the date of shipment or delivery.
In case the Goods shall be carried by air, risk of loss of the Goods shall pass from Seller to Buyer upon delivery of the Goods to the carrier or its agent for transportation.
Each lot of partial shipment or delivery, if allowed, shall be regarded as a separate and independent contract.

4. **INSURANCE:** If under this Contract Seller is required to provide insurance, such insurance shall be provided for an amount equivalent to one hundred ten per cent (110%) of invoice price, covering marine insurance of All Risks. Any additional insurance requested by Buyer shall be on Buyer's account.

5. **WARRANTY:** UNLESS EXPRESSLY STIPULATED ON FACE OF THIS CONTRACT, SELLER MAKES NO WARRANTY, EXPRESS OR IMPLIED, AS TO THE FITNESS AND SUITABILITY OF THE GOODS FOR ANY PARTICULAR PURPOSE OR MERCHANTABILITY, OR AS TO THE CONFORMITY OF THE GOODS UNDER UN CONVENTION ON CONTRACTS FOR THE INTERNATIONAL SALE OF GOODS 1980.

6. **PATENT & TRADEMARK**：Buyer shall hold Seller harmless from, and shall waive any claim against Seller for any liability for infringement of patent, utility model, design, trademark, brand, pattern, copyright, or other industrial property rights in the Goods whether in the Buyer's country or any other country.

7. **PRODUCTS LIABILITY**：Buyer shall at its own expense indemnify and hold harmless Seller from and against any all losses, damages (actual, consequential or indirect), liabilities, penalties, claim, demands, suits or actions, and related costs and expenses of any kind (including, without limitation, expenses of investigation and recall, counsel fees, judgments and settlements) for injury to or death of any person or property damage or any other loss suffered or allegedly suffered by any person or entity arising out of or otherwise in connection with any defect or alleged defect of the Goods sold by Seller to Buyer under this Contract.

8. **FORCE MAJEURE**：Seller shall not be liable for any delay in shipment or delivery, or non-delivery, of all or any part of the Goods, or for any other default in performance of this Contract due to the occurrence of any event of force majeure (hereinafter referred to as "Force Majeure") including but not limited to, flood, earthquake, typhoon, tidal wave, perils of the sea, fire, explosion or other act of God, prohibition of exportation, embargo or other type of trade control, governmental order, regulation or direction, or quarantine restriction, strike, lockout,, slowdown, sabotage, or other labor dispute, war, hostilities, riot, civil commotion, mobilization, revolution or threat thereof, boycotting, accidents or breakdown of machinery, plant, transportation or loading facilities, shortage of petroleum products, fuel, electricity, energy sources, water, other raw materials, substantial change of the present international monetary system or other severe economic dislocation, bankruptcy or insolvency of the manufacturers or suppliers of the Goods, or any other causes or circumstances directly or indirectly affecting the activities of Seller, manufacturer or supplier of the Goods.

9. **CLAIM**：Buyer shall give a notice of any claim of whatever nature arising hereunder by email or other means within thirty (30) days after arrival of the Goods at the destination specified in the Bill of Lading or other transport documents or within six (6) months after the arrival of the Goods at the said destination in the event of latent defects. Within fifteen (15) days of the date of the said notice, Buyer shall forward full particulars with the evidence of such claim in writing by registered airmail or other means to Seller. Otherwise, no claim shall be accepted by Seller.
Seller's total liability on any or all claims from Buyer shall in no event exceed the price of the Goods with respect to which such claim or claims are made.

10. **NO ASSIGNMENT**：Buyer shall not transfer or assign the whole or any part of this Contract or any of his rights or obligations accruing hereunder without Seller's prior written consent.

11. **NO WAIVER**：No claim or right of Seller under this Contract shall be deemed to be waived or renounced in whole or in part unless the waiver or renunciation of such claim or right is acknowledged and confirmed in writing by Seller.

12. **ARBITRATION**：Any dispute, controversy or difference which may arise between the parties hereto, out of or in relation to or in connection with this Contract, or any breach hereof shall be settled by arbitration in Japan in accordance with the Commercial Arbitration Rules of The Japan Commercial Arbitration Association. The arbitral award rendered by arbitrator(s) shall be final and binding upon both parties.

13. **TRADE TERMS & GOVERNING LAW**：Trade terms such as FOB, CIF and any other terms which may be used in this Contract shall have the meanings defined and interpreted by Incoterms 2010. The formation, validity, construction and performance of this Contract shall be governed by and construed under the laws of Japan, including the United Nations Convention on Contracts for the International Sale of Goods 1980.

14. **ENTIRE AGREEMENT:** The terms and conditions herein contained constitute the entire agreement between the parties , and supersede all prior discussions, agreements and understandings between the parties, and no amendment or modification of this Contract shall be binding on the parties unless made in writing expressly referring to this Contract and signed by both parties hereto.

[参考文献一覧]

浅田福一『国際取引契約の理論と実際』同文舘出版, 1999年。
大貫雅晴『日本におけるウィーン売買条約発効後のアジア企業との貿易取引契約』アジア市場経済学会年報（第13号）2010年。
大貫雅晴『貿易売買契約とリスク対応実務』同文舘出版, 2014年。
大貫雅晴『国際技術ライセンス契約（三訂版）』同文舘出版, 2015年。
来住哲二『基本貿易実務』同文舘出版, 2006年。
北川俊光・柏木昇『国際取引法』有斐閣, 2005年。
絹巻康史監修・編著『国際商取引事典』中央経済社, 2007年。
小島武司・高桑昭『仲裁法』青林書院, 2007年。
近藤昌昭　他『仲裁法コンメンタール』商事法務, 2003年。
杉浦保友・久保田隆『ウィーン売買条約の実務解説』中央経済社, 2008年。
松浦馨・青山善充『現代仲裁法の論点』有斐閣, 1998年。
曽野和明　他『UNIDROIT　国際商事契約原則（訳）』商事法務, 2004年。
中川善之助・兼子一『国際取引』青林書院, 1973年。
新堀聰『ウィーン売買条約と貿易契約』同文舘出版, 2009年。
松岡博編『国際関係私法入門』有斐閣, 2009年。
村上政博『EC競争法』弘文堂, 2001年。
本林徹・井原一雄『海外代理店契約の実務』商事法務研究会, 1976年。
八尾晃『貿易取引の基礎』東京経済情報出版, 2007年。
山田鐐一　佐野寛『国際取引法』有斐閣, 2009年。
吉川英一郎・小林和弘・竹下香・大貫雅晴「ウィーン売買条約発効後の実務対応」*Business Law Journal*, 2009年5, 6月号, Lexis Nexis。
Campbell Dennis & Reinhard Proksch, *International Business Transactions*, Kluwar Law International, 1988.
Christou, Richard, *Drafting Commercial Agreements*, FT Law & Tax, 1993.
Dickerson, Reed, *The Fundamentals of Legal Drafting*, Little, Brown and Company, 1965.
Fricedland, Paul D., *Arbitration Clauses for International Contracts*, Juris Net, LLC, 2007.
Garner Bryan A. (ed.), *Black's Law Dictionary* 8th ed., West Groups, 2009.
Jausas, Agustin, *Agency and Distribution Agreements*, Kkuwer Law International and International Bar Association, 1996.
Onuki, Masaharu, *International Commercial Arbitration and ADR in Japan*

Mediation and Arbitration in Asia-Pacific, IIUM Press, 2009.
Saleh, Samir, *Commercial Agency and Distributorship In The Arab Middle East*, Kluwar Law International, 1998.
The American Law Institute, *Uniform Commercial Code* 2005 ed., Thomson/West, 2005.

【和文索引】

〔あ 行〕

アドホック仲裁 ……………………… 187
　──条項 ……………………………… 188
アフターサービス …………………… 102
天野製薬事件 …………………………… 28
アメリカ仲裁協会 …………………… 189
アラブ中東諸国の代理店保護法 …… 40
UNCITRAL仲裁規則 ………………… 188

EEC設立条約 …………………………… 32
EC理事会 ………………………………… 32
EU競争法 …………………………… 27, 32
EU代理店法 ……………………………… 38
EUの代理店保護法 ……………………… 38
委託者 …………………………………… 15
委託販売 ………………………………… 15
　──契約 ……………………………… 15
一括適用免除規則 ……………………… 33
一審制 ………………………………… 177
一手販売権 ……………………………… 29
一般継承 ……………………………… 133
一般原則 …………………………… 46, 49
一般条項 ……………………………… 128
一方的解約 …………………………… 169
一方的取引拒絶 ………………………… 31
インコタームズ …………………… 91, 95
印刷書式 ………………………………… 85

ウィーン売買条約 ……………………… 43

営業所等の所在地 …………………… 143
FTC法 …………………………………… 31

OEM調達契約 …………………………… 16
覚書 ……………………………………… 57

〔か 行〕

海外進出 ………………………………… 3
海外販売拠点 …………………………… 3
外国仲裁判断 ………………………… 183
　──の執行 ………………………… 179
　──の承認と執行 ………………… 184
外国判決 ……………………………… 145
　──の承認, 執行 ……………… 145, 179
会社の分割・合併 …………………… 133
買い戻し義務条項 …………………… 126
解約事由 ………………………… 124, 169
価格差別 ………………………………… 32
価格条項 ………………………………… 89
価格表 …………………………………… 90
確定判決 ………………………… 145, 183
瑕疵担保責任 ………………………… 107
合併, 買収 ……………………………… 6
株式買収 ………………………………… 7
慣習法 …………………………………… 91
間接損害 ……………………………… 114
間接的の域外適用 ……………………… 28
完全合意条項 ………………… 56, 60, 137
管理料金 ……………………………… 201

機関仲裁 ……………………………… 187
　──条項 …………………………… 189
危険の移転 ……………………………… 94
議事録 …………………………………… 57
協議延長方式 ………………………… 122, 168
競業避止義務 …………………… 19, 80, 156
強行法規 ……………………………… 134
強制的の解決手段 …………………… 177
競争政策 ………………………………… 28
競争阻害 ………………………………… 30
競争品取扱いに関する制限 …………… 30

クレイトン法 ……………………… 31, 37
クレーム通知 ………………………… 111

契約解除 ………………………………… 45
契約期間 ……………………………… 121, 168
契約書署名日 ………………………… 69
契約製品 ……………………………… 73
　──の保証 ………………………… 107
契約締結地 …………………………… 69
契約発効日 …………………………… 69
契約日 ………………………………… 69
契約目的の達成不能 ………………… 129
結果的損害 …………………………… 114
欠陥製品 ……………………………… 115
権限踰越行為 ………………………… 158

原告地 …………………………………… 141, 142
言語条項 ………………………………………… 136
現地法人 …………………………………………… 5
限定列挙 ………………………………………… 130
権利不放棄条項 ………………………………… 134

合意管轄 ………………………………………… 143
恒久的施設 ………………………………………… 4
公証人 …………………………………………… 150
公正取引委員会 ………………………………… 28
――告示 ………………………………………… 29
口頭証拠排除の原則 …………………… 56, 60, 137
合弁会社 …………………………………………… 5
子会社 ……………………………………………… 5
国際裁判管轄 …………………………… 141, 142
国際事業展開 ……………………………………… 3
国際私法 …………………………………… 46, 48
国際商業会議所国際仲裁裁判所 …… 189, 190
国際商事契約原則 ……………………………… 58
国際商事仲裁 …………………………………… 189
国際性 …………………………………………… 177
国際的標準 ……………………………………… 178
国際ファクタリング …………………………… 92
国際物品売買契約 ……………………………… 44
――に関する国際連合条約 …………………… 43
国際紛争処理センター ……………………… 189
国際民事訴訟 …………………………………… 141
国内仲裁判断 …………………………………… 183
国家法 ……………………………… 46, 49, 139
個別売買契約 ……………………… 10, 48, 82
雇用者対被用者の関係 ………………………… 14

〔さ 行〕

在庫品買い戻し規定 …………………………… 126
在庫品買い戻し権利条項 ……………………… 126
在庫報告 ………………………………………… 101
財産の所在地 …………………………………… 142
最低購入数量 …………………………………… 30
最低購入保証 …………………………………… 105
――規定 ………………………………………… 105
裁判管轄合意条項 ……………………………… 58
裁判管轄条項 …………………………… 140, 144
再販売価格の制限 ……………………………… 30
最密接関係地 …………………………………… 47
債務の履行地 …………………………………… 142
債務不履行責任 ………………………………… 107
詐欺防止法 ……………………………………… 83
残存義務規定 …………………………………… 116
三倍額賠償請求訴訟 …………………………… 31

事業活動地 ……………………………………… 143
資産買収 …………………………………………… 7
事実上の延長 …………………………………… 127
私署証明 ………………………………………… 150
執行拒絶の事由 ………………………………… 184
執行決定 ………………………………………… 182
――の手続 ……………………………………… 183
私的独占 ………………………………………… 28
支店 ………………………………………………… 4
自動延長 ………………………………………… 168
――方式 ………………………………………… 122
自動車ディーラー法 …………………………… 37
司法省反トラスト局 …………………………… 31
シャーマン法 …………………………… 31, 37
シャーリア ……………………………………… 40
重大な違反 ……………………………………… 45
州法 ……………………………………………… 37
終了関係条項 …………………………………… 125
終了後の継続的取引 …………………………… 127
終了時における手数料 ………………………… 171
終了時の在庫品処理 …………………………… 125
終了時の補償免責条項 ………………………… 126
授権文書 ………………………………………… 22
受託者 …………………………………………… 15
出所表示機能 …………………………………… 117
ジュネーブ議定書 ……………………………… 184
ジュネーブ条約 ………………………………… 184
守秘義務 ………………………………………… 164
準拠法 …………………………………… 47, 58
――条項 ………………………………………… 139
ジョイント・ベンチャー ……………………… 5
商業代理店 ……………………………………… 39
証言録取 ………………………………………… 202
証拠開示手続 …………………………………… 201
承諾 ……………………………………………… 83
――義務 ………………………………………… 87
譲渡禁止条項 …………………………………… 133
譲渡条項 ………………………………………… 133
商標 ……………………………………… 75, 117
――尊重義務 …………………………………… 118
商品性 …………………………………………… 108
署名 ……………………………………………… 148
――の証明 ……………………………………… 149
所有権の移転 …………………………………… 95
シンガポール国際仲裁センター …… 189, 192
真正商品 ………………………………………… 30

推奨仲裁条項 …………………………………… 196
スタンドバイ・クレジット …………………… 92

ストックホルム商業会議所 ……………… 189
誠実義務 …………………………………… 163
　　――規定 ………………………………… 163
誠実交渉条項 ……………………………… 56
誠実,努力義務 …………………………… 99
製造物責任 ………………………………… 114
　　――規定 ………………………………… 115
　　――訴訟 ………………………………… 115
　　――保険 ………………………………… 116
製造物の欠陥 ……………………………… 114
正当な事由 ………………………………… 123
正文 ………………………………………… 136
正文言語 …………………………………… 57
説明条項 …………………………………… 70

相互保証 …………………………………… 146
訴状の送達 ………………………………… 144

〔た 行〕

代金回収保証 ……………………………… 14
第三国籍仲裁人 …………………………… 200
第三仲裁人 ………………………………… 200
代理商 ……………………………………… 12
代理手数料 ………………………………… 166
代理店 …………………………………… 9, 12
　　――の指名 …………………………… 154
　　――の誠実義務 ……………………… 163
　　――の誠実,忠実義務 ……………… 156
　　――への補償 ………………………… 172
代理店契約 …………………………… 11, 151
代理店保護法 ……………… 37, 126, 169, 172
　　　アラブ中東諸国の―― …………… 40
　　　EUの―― …………………………… 38
　　　中米諸国の―― …………………… 41
段階的紛争解決条項 ……………………… 198
単独進出形態 ……………………………… 6
単独仲裁人 ………………………… 182, 200

知的財産権 ………………………………… 119
知的財産権侵害条項 ……………………… 119
中国国際経済貿易仲裁委員会 ……… 190, 194
駐在員事務所 ……………………………… 4
仲裁機関 …………………………… 189, 197
仲裁規則 …………………………………… 197
仲裁合意 …………………………… 179, 197
　　――の範囲 …………………………… 180
　　――の分離,独立性 ………………… 181
仲裁条項 …………………… 58, 140, 146, 179

仲裁対象範囲 ……………………………… 196
仲裁地 ……………………………………… 198
　　――の指定 …………………………… 198
仲裁廷 ……………………………………… 182
仲裁適格性 ………………………………… 180
仲裁に使用される言語 …………………… 199
仲裁人 ……………………………………… 177
　　――の数 ……………………………… 199
　　――報酬 ……………………………… 201
仲裁の対象 ………………………………… 181
仲裁判断 …………………………………… 177
　　――確認判決規定 …………………… 203
　　――確認命令 ………………………… 203
　　――の効力と取り消し ……………… 182
　　――の最終性 ………………………… 202
　　――の承認と執行 …………………… 183
　　――の取消事由 ……………………… 182
仲裁費用 …………………………………… 201
仲裁付託契約 ……………………………… 179
仲裁付託合意 ………………………… 58, 146
中途解約 …………………………… 123, 169
　　――事由 ……………………………… 133
中米諸国の代理店保護法 ………………… 41
注文 ………………………………………… 87
中立性 ……………………………………… 178
直接損害 …………………………………… 114
直接的域外適用 …………………………… 28
直接取引 …………………………………… 18
沈黙による承諾 …………………………… 83

通則法 ……………………………………… 139
通知条項 …………………………………… 132

定義規定 …………………………………… 71
定型貿易条件 …………………………… 91, 95
締約代理 …………………………………… 151
　　――商 ………………………………… 13
手数料 ………………………………… 12, 166
デ・ミニミス・ルール …………………… 33

統一商法典 ………………………………… 107
統合条項 …………………………………… 138
当事者関係 ………………………………… 79
当事者自治 ………………………………… 178
到達主義 …………………………………… 83
独占禁止法 ………………………………… 27
独占権 ………………………………… 17, 19
　　――保護 ……………………………… 19
独占的代理権 ……………………………… 155

独占的代理店 …………………… 17, 154
独占的販売権 ……………………………… 75
独占的販売店 ………………………………… 17
独占的販売領域 …………………………… 75
特徴的給付 ………………………………… 47
特定継承 ………………………………… 133
特定目的の適合性 ……………………… 108
土地管轄規定 …………………………… 141
特許権 …………………………………… 119
努力規定 ………………………………… 105
努力目標条項 …………………………… 161
問屋 ………………………………… 12, 13

〔な 行〕

二国間協定 ……………………………… 146
二国間同盟条約 ………………………… 184
日本商事仲裁協会 ……………………… 190
ニューヨーク条約 ……………… 179, 184
任意規定 …………………………………… 48

ノーディオン事件 ………………………… 28
のれん …………………………………… 117

〔は 行〕

ハーグ送達条約 ………………………… 144
媒介代理 ………………………………… 151
　　──商 …………………………………… 13
　　──店 ………………………………… 160
判決手続 ………………………………… 183
反トラスト法 ……………………… 27, 31
販売活動報告 …………………………… 104
販売・代理店 ……………………… 9, 22
　　──関係 ……………………………… 22
販売店 ……………………………………… 9
　　──契約 ……………………………… 10
販売店の広告, 宣伝 ……………………… 98
販売店の指名 ……………………………… 71
販売領域 …………………………… 74, 81

引渡し条件 ………………………………… 91
被告地主義 ……………………………… 197
非国家法 ………………………………… 139
非独占権 …………………………… 17, 19
非独占的代理店 ………………………… 154
秘密情報 ………………………………… 120
秘密保護管理 …………………… 120, 164
秘密保持契約 ……………………………… 57
秘密保持契約書 ………………………… 120
標題条項 ………………………………… 135

品質保証機能 …………………………… 117

フォワダー ………………………………… 12
不可抗力 ………………………………… 128
　　──事態 …………………………… 130
不公正な取引方法 ………………… 28, 29
付随的損害 ……………………………… 114
物権の設定および移転 ………………… 96
物品の適合性 …………………………… 107
物品の不適合 …………………………… 110
不動産の所在地 ………………………… 143
不当な解約 ……………………………… 41
不当な取引制限 ………………………… 28
不特定物 ………………………………… 96
船荷証券 ………………………………… 96
不法行為 ………………………………… 142
　　──地 ……………………………… 143
フランチャイザー ……………………… 15
フランチャイジー ……………………… 15
フランチャイズ契約 …………………… 16
フランチャイズ法 ……………………… 37
紛争解決条項 …………………………… 140
紛争の範囲 ……………………………… 197
分離条項 …………………………… 34, 135

並行輸入 ………………………………… 30
並行輸入阻害 …………………………… 77
米国仲裁協会 …………………………… 191
弁護士費用 ……………………………… 201

貿易保険 ………………………………… 92
妨訴抗弁 ………………………………… 180
法廷地 ……………………………… 47, 49
法の適用に関する通則法 ……… 47, 139
法令順守義務 …………………………… 100
補修 ……………………………………… 103
　　──部品 …………………………… 103
保証期間 ………………………………… 110
保証規定 ………………………………… 105
補償義務規定 …………………………… 126
保証状 …………………………………… 92
保証条項 ………………………………… 161
補償請求 ………………………………… 172
保証制限規定 …………………………… 113
保証責任 ………………………………… 113
保証範囲 ………………………………… 109
補償免責 ………………………………… 172
本案審理 ………………………………… 201
香港国際仲裁センター ……… 189, 193, 194

翻訳言語 …………………………………… 57
翻訳文 …………………………………… 136

〔ま　行〕

末尾文言 …………………………………… 147

民事執行制度 ……………………………… 183

明示保証 …………………………………… 107
滅失毀損 …………………………………… 94

申込 ………………………………………… 83
黙示保証 …………………………………… 107

〔や　行〕

約因 ………………………………………70, 83

ユニドロワ ………………………………… 58
輸入総代理店 ……………………………… 29

〔ら　行〕

履行保証義務 ……………………………… 161
理事会指令 ………………………………… 38
裏面条項 …………………………………… 85
流通・取引慣行に関する独占禁止法上の指針
　…………………………………………… 29
領域外販売活動 …………………………… 157
領域外販売制限 …………………………… 81
領域侵害 …………………………………… 75

例示列挙 …………………………………… 130
レター・オブ・インテント ……………… 57
レックスメルカトリア …………………… 58
連邦取引委員会 …………………………… 31
連邦法 ……………………………………… 37
ロビンソンパットマン法 ………………… 31
ロンドン国際仲裁裁判所 ……………189, 191

【欧文索引】

ad-hoc arbitration ………………………… 187
Agency Agreement ……………………… 151
Agent Commission ……………………… 166
arbitration clause ………………140, 146, 179
Attest ……………………………………… 149

be entitled to ……………………………… 63
best efforts ………………………………… 106

CISG …………………………… 43, 44, 45, 83
commission …………………………… 11, 166
consequential damage …………………… 114
consideration ……………………………… 83
consignee ………………………………… 15
consigner ………………………………… 15
Consignment Agreement ………………… 15

de minimus rule ………………………… 33
Del credere Agent ……………………… 14
Del credere Commission ……………… 14
direct damage …………………………… 114
Discovery ………………………………… 201

efforts clause …………………………… 105

entire agreement clause ………………… 138
exclusive agency right ………………… 155
exclusive agent ……………………… 17, 154
exclusive distributor …………………… 17
exclusive right ………………………… 19

fitness for particular purpose ………… 108
Force Majeure ………………………… 128
Franchise Agreement …………………… 16
Franchisee ……………………………… 15
Franchiser ……………………………… 15
Frustration ……………………………… 129
fundamental breach …………………… 45

general conditions …………………… 128
guarantee ……………………………… 63
guarantee clause …………………… 105, 161

incidental damage …………………… 114
INCOTERMS ………………………… 91
Independent Commercial Agent ……… 14
indirect damage ……………………… 114
impossibility ………………………… 128
institutional arbitration ……………… 187

jurisdiction clause ················· 58, 140

Letter of Guarantee ······················ 92
Letter of Intent ······························ 57
Lex Mercatoria ······························ 58

M&A ·· 6
make efforts clause ······················ 161
may ·· 63
Memorandum ································ 57
merchantability ··························· 108
merger clause ······························ 138
Merger&Acquisition ······················· 6
minutes ··· 57
multi-tiered dispute resolution clause ······ 198

non-exclusive agent ···················· 154
non-exclusive right ······················· 19
Notary ·· 150

OEM ··· 16
OEM Manufacturing and Supply Agreement
 ··· 16

Original Equipment Manufacturing ·········· 16

Parol Evidence Rule ················ 56, 137
Products Liability ······················· 114

reasonable efforts ······················· 106

Sales Representative ····················· 14
Secrecy Agreement ······················· 57
secretary ···································· 149
severability clause ······················· 34
shall ·· 62
shall not ·· 62
Standby Credit ····························· 92
stature of frauds ··························· 83
submission ·························· 146, 179

UCC ·· 108
Uniform Commercial Code ·········· 107

warrant ··· 63
Whereas Clause ···························· 70
Witness ······································ 149

《著者紹介》

大貫　雅晴（おおぬき・まさはる）

[略歴]
2002年–2016年　（一社）日本商事仲裁協会　理事（仲裁担当）
2016年6月　GBC（ジービック）大貫研究所　創設

[現在]
GBC ジービック 大貫研究所代表
（公社）日本仲裁人協会　理事
国際商取引学会　理事
同志社大学法学研究科　法務教育スーパーバイザー
関西大学経済・政治研究所　顧問
関西大学商学部・同志社大学大学院法学研究科　京都産業大学法科大学院　兼任講師

東京商工会議所・大阪商工会議所　神戸商工会議所・各地域貿易協会　日本貿易振興機構・金融財務研究会　他　国内外で国際取引契約・紛争解決関係セミナーで講師を務める

主要著書には,『国際技術ライセンス契約（三訂版）』(同文舘出版),『貿易売買契約とリスク対応実務』(同文舘出版) 他がある。

平成22年7月15日　初 版 発 行
平成27年3月10日　第2版発行　　　　　《検印省略》
平成30年1月20日　第2版2刷発行　　略称―英文代理店（2）

英文販売・代理店契約
　　―その理論と実際―
　　　〔第2版〕

著　者　　大 貫 雅 晴
発行者　　中 島 治 久

発行所　　同 文 舘 出 版 株 式 会 社
東京都千代田区神田神保町1-41　〒101-0051
電話　営業(03)-3294-1801 編集(03)-3294-1803
振替　00100-8-42935　http://www.dobunkan.co.jp

©M. ONUKI　　　　　　　　　　　製版：一 企 画
Printed in Japan 2015　　　　　　印刷：萩原印刷
　　　　　　　　　　　　　　　　　製本：萩原印刷

ISBN978-4-495-67822-7

JCOPY 〈出版者著作権管理機構　委託出版物〉
本書の無断複製は著作権法上での例外を除き禁じられています。
複製される場合は、そのつど事前に、出版者著作権管理機構（電話 03-3513-6969, FAX 03-3513-6979, e-mail: info@jcopy.or.jp）の許諾を得てください。